高等教育政策与管理研究丛书

主编：陈学飞　副主编：李春萍

四　编
第 **3** 册

通专之间：北京大学本科人才
培养模式的变迁研究（1952～1998）（下）

邹 儒 楠 著

花木兰文化事业有限公司

国家图书馆出版品预行编目资料

通专之间：北京大学本科人才培养模式的变迁研究〔1952～
1998〕（下）／邹儒楠 著 -- 初版 -- 花木兰文化事业有限公司，
2022〔民 111 〕
目 4+158 面；19×26 公分
（高等教育政策与管理研究丛书　四编　第 3 册）
ISBN 978-986-518-937-2（精装）
1.CST：高等教育 2.CST：人才 3.CST：培养
526.08　　　　　　　　　　　　　　　111009781

ISBN-978-986-518-937-2

9 789865 189372

高等教育政策与管理研究丛书
四编　第三册　　　　　　　ISBN：978-986-518-937-2

通专之间：北京大学本科人才
培养模式的变迁研究（1952～1998）（下）

作　　　者 邹儒楠
主　　　编 陈学飞
副 主 编 李春萍
总 编 辑 杜洁祥
副总编辑 杨嘉乐
编辑主任 许郁翎
编　　　辑 张雅淋、潘玟静、刘子瑄　美术编辑 陈逸婷
出　　　版 花木兰文化事业有限公司
发 行 人 高小娟
联络地址 台湾 235 新北市中和区中安街七二号十三楼
　　　　　电话：02-2923-1455 ／传真：02-2923-1452
网　　　址 http://www.huamulan.tw 信箱 service@huamulans.com
印　　　刷 普罗文化出版广告事业
初　　　版 2022 年 9 月
定　　　价 四编 5 册（精装）新台币 10,000 元　　　　　版权所有 请勿翻印

通专之间：北京大学本科人才
培养模式的变迁研究（1952～1998）（下）

邹儒楠　著

目

次

上　册

第一章　导　论 ……………………………………… 1

1.1　研究问题 ………………………………………… 1

　1.1.1　通与专的此消彼长 ………………………… 1

　1.1.2　北京大学的通专矛盾 ……………………… 2

　1.1.3　问题的提出 ………………………………… 4

1.2　文献综述 ………………………………………… 5

　1.2.1　有关我国高等教育本科人才培养模式
　　　　的研究 ………………………………………… 5

　1.2.2　有关通识教育理念和本土实践的研究 …… 7

　1.2.3　有关苏联模式及其对中国高等教育
　　　　影响的研究 ……………………………… 11

　1.2.4　有关北京大学本科人才培养的相关
　　　　研究 ………………………………………… 13

1.3　关键概念 ……………………………………… 15

　1.3.1　通识教育的产生与发展 ………………… 15

1.3.2 专业教育的产生与发展 …………………… 29

1.4 理论基础 ……………………………………… 33

　　1.4.1 埃里克·阿什比的"大学遗传环境论"
　　　　　………………………………………… 33

　　1.4.2 伯顿·R·克拉克的"三角理论" ……… 35

1.5 研究方法与工具 ……………………………… 36

第二章　从专家到社会主义劳动者（1952～1976）
　　　　………………………………………………… 39

2.1 全面学苏：培养专家 ………………………… 39

　　2.1.1 宽口径的专业设置 ……………………… 39

　　2.1.2 厚基础的课程体系 ……………………… 48

　　2.1.3 与科研密切相关的专门化项目 ………… 55

　　2.1.4 注重培养独立工作能力 ………………… 63

2.2 自主探索：培养无产阶级劳动者 …………… 69

　　2.2.1 从"专家"到"劳动者" ……………… 69

　　2.2.2 从"宽口径的专业"到"把专门化
　　　　　办成专业" ………………………………… 71

　　2.2.3 从"课堂为中心"到"做中学" ……… 75

　　2.2.4 从严格的口试到开卷考试 ……………… 80

2.3 本章小结 ……………………………………… 81

第三章　从计划到市场（上）：培养专家的毛坯和
　　　　实际工作者（1977～1984） …………… 85

3.1 拨乱反正，重新强调培养专门人才 ………… 85

　　3.1.1 思想指南：高教六十条 ………………… 85

　　3.1.2 恢复培养"专家"的目标 ……………… 90

　　3.1.3 技术学科专业与选修组的出现 ………… 91

　　3.1.4 恢复"课堂教学为中心" ……………… 97

3.2 降低专的程度：培养毛坯和实际工作者 …… 100

　　3.2.1 本科教育面临的新形势 ………………… 100

　　3.2.2 通专大讨论：拓宽狭窄的专业口径 …… 105

　　3.2.3 放宽与增设：新一轮的专业调整 ……… 108

　　3.2.4 人尽其才：从学年制到学分制 ………… 110

　　3.2.5 注重培养实际工作能力 ………………… 121

3.3 本章小结 ……………………………………… 126

第四章　从计划到市场（下）：大量培养实际
　　　　工作者（1985～1992）…………… 129
　4.1 人才培养环境的变化………………………… 129
　　　4.1.1 高等教育体制变革的冲击 …………… 129
　　　4.1.2 北大对本科人才培养的反思 ………… 135
　4.2 人才培养原则的确立………………………… 146
　　　4.2.1 十六字方针的提出 …………………… 146
　　　4.2.2 十六字方针的内涵 …………………… 148
　4.3 适应市场，调整专业………………………… 152
　4.4 课程体系及教学安排的变化………………… 157
　　　4.4.1 塑造研究人员的素质 ………………… 158
　　　4.4.2 增强适应社会的能力 ………………… 161
　4.5 本章小结……………………………………… 173

下　册
第五章　科教兴国：培养职业精英和创新人才
　　　　（1993～1998）…………………………… 175
　5.1 再次启动改革的背景………………………… 175
　　　5.1.1 学生群体的颓废与迷茫 ……………… 175
　　　5.1.2 新型综合大学的机遇与挑战 ………… 178
　　　5.1.3 新生军政训练的取消 ………………… 181
　5.2 本科人才培养定位的修正…………………… 181
　　　5.2.1 培养专门人才 ………………………… 181
　　　5.2.2 加强全面素质 ………………………… 183
　5.3 面向学科的专业设置………………………… 189
　　　5.3.1 本科专业目录的修订过程 …………… 189
　　　5.3.2 基于学科的全新专业设置 …………… 193
　　　5.3.3 调整不同学科专业招生比例 ………… 199
　5.4 课程体系及教学安排的调整………………… 203
　　　5.4.1 压缩总学分，提倡自主学习 ………… 203
　　　5.4.2 强调所有学科的共同基础 …………… 205
　　　5.4.3 建设文化素质教育选修课 …………… 208
　　　5.4.4 文理科试验班的探索 ………………… 216

　　5.5　本章小结 ……………………………………………… 224

第六章　尾声与讨论 ……………………………………… 227

　　6.1　延展的现实：加强通识教育，培养高素质
　　　　创新型人才 ………………………………………… 227

　　　　6.1.1　通识教育与专业教育分段治之 ………… 227

　　　　6.1.2　整合通识教育和专业教育 ……………… 229

　　　　6.1.3　重建"通识教育课程体系" …………… 230

　　6.2　总结与讨论 …………………………………………… 231

　　　　6.2.1　主要结论与讨论 ………………………… 231

　　　　6.2.2　研究贡献与局限性 ……………………… 237

参考文献 ………………………………………………………… 241

附录 A　核心概念的梳理 ………………………………… 271

附录 B　北京大学本科专业设置的变迁（1949～
　　　　1998） …………………………………………… 275

附录 C　北京大学本科学制变化情况（1949～
　　　　1998） …………………………………………… 295

附录 D　北京大学物理系本科人才培养目标、
　　　　规格及课程设置的变迁（1952～1998）·299

附录 E　北京大学中文系本科人才培养目标、
　　　　规格及课程设置的变迁（1952～1998）·315

附录 F　访谈对象名录 …………………………………… 329

后　记 ………………………………………………………… 331

第五章 科教兴国：培养职业精英和 创新人才（1993～1998）

5.1 再次启动改革的背景

5.1.1 学生群体的颓废与迷茫

如果说 20 世纪 80 年代人才过剩的问题集中表现在基础理科方面，到了 80 年代末期，基础文科乃至应用文科的就业问题也开始凸现出来。这是因为：鉴于 1977-1982 年中央和国家机关从大专院校直接吸纳应届毕业生补充干部队伍的经验，没有经过基层工作锻炼的大学生缺乏独立判断和处理实际问题的能力，不利于领导机关在执行党的路线、方针、政策中发挥应有的组织指导作用，也不利于这些年轻同志的成长。因此，中央在 1984 年作出了《关于中央和国家机关原则上不再直接从高等学校应届毕业生中吸收干部的决定》[1]。由于当时干部队伍还存在极大缺口，这一原则规定并未得到真正深入贯彻。六四风波之后，国家更进一步认识到让青年扎根实践的重要性，1989 年 9 月，中央有关部门再次下发了关于重申大学应届毕业生要到基层锻炼的文件。文件规定：省级以上党政机关（中央和省两级党政机关及所属从事社会科学研究的事业单位和具有政府管理职能的公司）不再直接从高等学校应

---

1 米禄、洪新，〈高校应届毕业生下基层锻炼是培养干部的重要措施〉[J]，《瞭望》，1989 年第 47 期，第 29-31 页。

届毕业生中吸收干部[2]。这一规定对在就业市场上本已十分受挫的北大学生，尤其是文科学生造成了进一步的冲击，学生们普遍认为，北京大学的毕业生如果不分配到省级以上党政机关及所属从事社会科学研究的事业单位和具有政府管理职能的公司简直亏透了[3]。

雪上加霜的是，在 20 世纪 80 年代中期，还有一部分学生能通过"分配"找到满意的工作，而 1989 年 5 月，国务院正式转批国家教委《高等学校毕业生分配制度改革方案》。该方案规定：国家计划内招收的学生，培养费由国家承担，毕业后在国家政策指导下，经学校推荐在一定范围内择业，由用人单位择优录用，未被录用的，回家庭所在地自谋职业。国家计划外招收的学生一般自谋职业[4]。这意味着，大学生彻底失去了铁饭碗。北大毕业生突然全部赤手空拳毫无准备地被推到比武场上，在社会的金戈铁马中惶然失衡。然而，要找到一份工作却是那么的艰辛，当时的毕业生回忆自己找工作的历程：

> "骑着自行车，坐着公共汽车，拿着系里开好的介绍信，揣着苦心斟酌的个人简历，到公司、到报社、到机关、到工厂，到每一个可能要人又可能不要的地方去推销自己[5]"。

> "四处找工作，四处碰壁。后来有一家工厂居然有点意思，于是他往工厂的上级主管单位二轻局跑了十七趟。最终他去了那家工厂，开始学手工缝制皮鞋"[6]。

由于不能直接进入省级以上党政机关工作和彻底的自谋出路，找工作的艰辛和任由用人单位杀价所带来的忧虑、恐慌、愤慨像风暴一样席卷整个北大校园，从神坛跌落的北大学生产生了极大的消极抵触情绪。根据 1990 年北大团委的调查显示，绝大部分的北大学生认为知识贬值，自己学到的东西完

---

2 米禄、洪新，〈高校应届毕业生下基层锻炼是培养干部的重要措施〉[J]，《瞭望》，1989 年第 47 期，第 29-31 页。

3 《北大团委系列调查论文汇编》（1990）[Z]，北京大学档案馆馆藏，档号：Z11.81。

4 忻福良主编，《中国高等教育改革大事记（1978-1989）》，上海：同济大学出版社，1991 年。

5 《新世纪创刊号》（献给北大 90 诞辰的礼物，由北大团委主办的综合性刊物，分春夏秋冬四季号。它立足北大，面向社会，着力反映五彩缤纷的校园生活，颂扬北大民主与科学的传统，展示北大人的精神风貌和审美追求，是沟通大学生和社会的桥梁）（1988）[Z]，北京大学档案馆馆藏，档号：Z11-80。

6 橡子、谷行，《北大往事》[M]，北京：新世界出版社，2002 年，第 26 页。

全派不上用场。73.7%人认为国家对知识分子太冷落，41.3%的人认为书本知识太空，难以用于实践。鉴于此，50%的学生对专业不感兴趣，对前途也没有信心[7]。一反 80 年代中期要求学习"当经理学本事"的"积极"状态，北大学生中持中立或无所谓态度的人大大增多，他们变成了"不愿幻想未来，也不愿评论过去的新一代的嬉皮士，逍遥主义者[8]。他们热衷于看电影、录像和参加各种讲座，却常常在电影院、会场等公共场合嘘声大作，以发泄心灵深处郁积的反抗意识；他们搓麻，许多优秀的天才在牌桌边腐烂；他们接触各种现代思想观念，一心向往西方世界，考托福的人像草地上的蘑菇一样多了起来[9]。认同"学生理应以俭朴为本"、"学雷锋活动"、"刻苦学习埋头读书"的比例分别下降到了是 22.5%、11.3%、16.9%[10]。

从当时北大学生撰写的纪实性报告文学《元旦的震荡》的记录中，我们能真切地感受到这种气氛：

在食堂里，"起初设着几排饭盆儿架子，摆得整整齐齐。后来改成一格格加锁的小柜子，再后来加锁也挡不住乱抄一气，只好各自把碗筷拿回宿舍。如今不光丢碗筷，还丢钱、丢书、丢衣服、丢自行车……几乎什么都丢。"[11]

在教室和宿舍的狭小天地里，"枯燥烦闷，百无聊赖，内心的骚动感永远伴随着自己。我们有时把一个同学骗到楼道口，一拥而上抓住他，四脚朝天扔到门外。有时会把一个同学按倒在床上，大伙儿像橄榄球队员似的扑上去，从身体的挤压中寻求开心的刺激。有时我走出校门去逛逛，心里也会产生个念头：今天哪怕踩一块西瓜皮痛快地摔一跤，也比太太平平的要好！"[12]

面对这样一群迷茫的、超越现实的嬉皮士，如何一方面通过专业学习使学生适应市场经济的新要求，找到合适的工作，另一方面在国内外新环境中继承发扬北大传统，培养学生身上强烈的责任感，以使得他们能继续肩负振兴中华的伟大使命？这是学校面临的棘手问题。

7　《北大团委系列调查论文汇编》（1990）[Z]，北京大学档案馆馆藏，档号：Z11.81。

8　《北大团委系列调查论文汇编》（1990）[Z]，北京大学档案馆馆藏，档号：Z11.81。

9　橡子、谷行，《北大往事》[M]，北京：新世界出版社，2002 年，第 235 页。

10　《北大团委系列调查论文汇编》（1990）[Z]，北京大学档案馆馆藏，档号：Z11.81。

11　《报告文学 1987-1988 元旦的震荡》[Z]北京大学档案馆馆藏，档号：Z11.83。

12　《报告文学 1987-1988 元旦的震荡》[Z]北京大学档案馆馆藏，档号：Z11.83。

5.1.2 新型综合大学的机遇与挑战

5.1.2.1 科教兴国战略的提出

从改革开放到 20 世纪 90 年代初期，中国经济取得了巨大的成就，但其增长模式整体上还是粗放式的，主要依靠资源、资金和廉价劳动力的推动。随着科学技术的迅猛发展，面向 21 世纪的国际竞争愈发激烈，国与国之间的较量，越来越集中表现为以经济为基础，以科技进步为核心的综合国力的较量。而经济和科技的竞争，归根结底是人才的竞争、教育的竞争。基于这一变化趋势，1992 年党的十四大正式明确提出要"建立社会主义市场经济体制"，"把经济建设转移到依靠科技进步和提高劳动者素质的轨道上来"[13]。1995 年 5 月 6 日，《中共中央国务院关于加速科学技术进步的决定》中首次明确了"科教兴国"的战略。江泽民指出：科教兴国，是指全面落实科学技术是第一生产力的思想，坚持教育为本，把科技和教育摆在经济、社会发展的重要位置，增强国家的科技实力和实现生产力转化的能力，提高全民族的科技文化素质[14]。同年，关于国民经济和社会发展的"九五"计划和 2010 年远景目标把实施科教兴国战略列为这之后 15 年直至 21 世纪加速中国社会主义现代化建设的重要方针之一。不难发现，在"科教兴国"的方针指导下，教育变成了提高国民素质、开发智力资源的基础工程，以及促进经济发展和社会进步的持续动力和能源基础[15]。这对于高等院校，尤其是担负着发展科学文化重要使命的北京大学而言，是难得的机遇和严峻的挑战，它意味着北京大学的本科人才培养模式不能仅仅考虑面向社会、适应市场的临时性要求，多出人才，快出人才，还要成为中国经济建设、社会发展的巨大原动力，为增强国家综合国力、适应更为激烈的国际竞争做出贡献。为此，北大本科人才培养模式必须再次做出调整。

---

13 江泽民，《加快改革开放和现代化建设步伐夺取有中国特色社会主义事业的更大胜利——江泽民在中国共产党第十四次全国代表大会上的报告》[EB/OL]，http://cpc.people.com.cn/GB/64162/134902/8092276.html. 2016-12-01。

14 《中共中央、国务院关于加速科学技术进步的决定》[EB/OL]，http://www.most.gov.cn/ztzl/jqzzcx/zzcxcxzzo/zzcxcxzz/zzcxgncxzz/200512/t20051230_27321.htm. 2018-10-29。

15 沈继英、李家兴，《面向 21 世纪的人才素质》[M]，北京：北京大学出版社，2001 年，第 1 页。

5.1.2.2 211 工程的启动

基于十四大明确的时代要求和对于教育的全新定位，中共中央、国务院发布了《中国教育改革和发展纲要》（1993），《纲要》指明了市场经济体制下高等教育改革和发展的方向和道路，即要"使规模有较大发展，结构更加合理，质量和效益明显提高"，以"提高民族素质，多出人才，出好人才"。其中，本科教育要"把重点放在提高质量上，合理调整系科和专业设置，拓宽专业面，优化课程结构，改革课程内容和教学方法，加强教材建设，注重素质和能力的培养，增强学生对社会需要的适应性。逐步实行学分制，在确定必修课的同时，设立和增加选修课，拓宽学生的知识视野，激发学生学习的主动性和创造性。建立合理的淘汰制和优秀学生奖励制等教育教学制度，大面积提高教育质量。"[16]为了配合上述改革要求，《纲要》提出实施"211 工程"——面向 21 世纪，分期分批重点建设 100 所左右的高等学校和一批重点学科，使其到 2000 年在教育质量、科学研究、管理水平及办学效益等方面有较大提高，在教育改革方面有明显进展。争取有若干所高等学校在 21 世纪初接近或达到国际一流大学的学术水平。"211 工程"计划为入选高校提供大额的资金支持。

早在 1986 年，北京大学校长丁石孙就提出过"北京大学要成为世界第一流高等学府"[17]的宏伟目标，这和 211 工程的愿景是一致的。且 20 世纪八九十年代的北京大学，物质上非常匮乏，教学业务费一年只有 300 万左右[18]。1993 年，北大甚至迫不得已将约 600 米长的南墙推倒，改建为面积约为 25000平方米的商业街，按月收取租金，以解校内经费紧张的燃眉之急。所以，211工程提供的大额资金支持对这时的北京大学而言，无疑也是极其重要的。为了建设世界一流学府，在中国迈向一流强国的过程中发挥重要作用，并解决北大自身发展中遇到的资金与资源匮乏难题[19]，北京大学在 211 工程的酝酿

---

16 《中国教育改革和发展纲要》（1993）[EB/OL]，http://www.moe.gov.cn/jyb_sjzl/moe_177/tnull_2484.html. 2018-10-29。

17 《北大要成为世界第一流的高等学府——北京大学校长丁石孙谈办学目标和指导思想》[N]，《光明日报》，1986-09-12。

18 王义遒，《行行重行行——王义遒口述史》[M]，武汉：华中科技大学出版社，2019年，第170页。

19 王义遒，《行行重行行——王义遒口述史》[M]，武汉：华中科技大学出版社，2019年，第216页。

阶段，就积极按照 211 工程立项的要求，集中全校力量就办学指导思想、改革与发展的目标与思路、建设的内容、实施的基本方针和措施进行讨论，形成了《关于学科建设讨论的总结报告》、《北京大学教学改革设想》以及《北京大学改革与发展纲要》等多个重要的指导性文件[20]。在上述文件中，学校提出："北京大学要从原来文理学院式的综合性大学改造成为包括自然科学、技术科学、人文科学、社会科学、管理科学、教育科学等多种学科在内的新型综合性大学。按照新型综合大学的方向以及面向现代化、面向世界、面向未来的要求，建设适应国家经济建设、社会发展和科技进步需要的，基础和应用配置合理，相互交叉渗透，门类比较齐全又有自身特色，整体达到国内先进水平，部分达到世界先进水平的学科体系[21]"。在人才培养方面，必须以"面向社会，适应市场，发挥优势，增强活力"[22]为指导，"着重培养两种规格的人才：一种能够从事教学、科研等学术性工作的基础学科人才，将来成为专家、教授、学者，其中少数人能够成为国际学术前沿的带头人、著名科学家，达到诸如诺贝尔奖获得者的学术水平；二是培养一批社会主义建设迫切需要的高层次应用型和复合型人才，成为政府各级公务员、企事业单位的专业人员和管理人员，其中少数人经过长期实践能够成为领导骨干，进入国家党政领导人行列"。[23]这里的第一种人才被看作是具有广博基础的开创性的研究人才，第二类人才则被看作是精通实务的应用人才、职业精英。为了培养这两类人才，北大所提供的教育既要有提高素质的博雅（通才）教育性质，也有职业训练为主的成分[24]。依托上述材料，北京大学顺利通过了"211 工程"的预审，成为第一批入选"211"工程的高校之一，这些材料中体现的理念也为后续北大人才培养模式的改革做好了铺垫。

---

20 王义遒，《行行重行行——王义遒口述史》[M]，武汉：华中科技大学出版社，2019年，第 252 页。

21 《关于北大学科建设的意见》[A]，王义遒，《探索新型综合大学——王义遒教育文选》[M]，武汉：华中科技大学出版社，2018 年，第 35-46 页。

22 《北京大学 1993 年的教学改革设想》[A]，王义遒，《探索新型综合大学——王义遒教育文选》[M]，武汉：华中科技大学出版社，2018 年，第 58-61 页。

23 《北京大学改革与发展纲要》[A]，王义遒、孙桂玉、王文清主编，《文理基础学科的人才培养》[M]，北京：北京大学出版社，2008 年，第 44 页。

24 《王义遒在北京大学 1993 年教学研讨会上的主旨发言》[A]，王义遒，《探索新型综合大学——王义遒教育文选》[M]，武汉：华中科技大学出版社，2018 年，第 61-79 页。

5.1.3 **新生军政训练的取消**

早在 1988 年，北大就提出了"加强基础，淡化专业，因材施教，分流培养"的十六字方针并制定了与之配套的一系列政策，但是，1989 年的一场政治风波彻底打乱了学校的计划。按照国家教委下达的（89）教学字 013 号文《关于北京大学今年入学新生实行军政训练一年的通知》要求，北大针对1989-1992 年招收的新生，入学后先集中安排在军队院校进行为期一年的军政训练，基本按军队院校本科生的教学计划进行学习，第二年再到北京大学学习四年[25]。在这期间，学校把主要精力都放在了稳定师生情绪和加强管理上了[26]，对根据十六字方针制定出的一系列教学改革措施并未能很好地贯彻执行。1992 年，中央调查组进驻北京大学，对增加一年军事训练的 5 年学制效果进行评估。评估结果显示，一年的军事训练虽然有利于学生身体素质的提高和思想品德的提升，但是由于学制的增加，许多最优秀的学生不愿意报考北大，北大在招生层面降为二流学校；学生在军事院校也沾染了许多不良的习惯；再者，军事训练大大增加了学校的经费支出，学校在经费方面压力很大[27]。因此，调查组研究决定，从 1993 年起，北京大学本科一年军事训练的措施取消。事实上在广大教师群体中未得到全面认可的十六字方针及在其指导下制定的并未来得及落到实处的改革措施，在这一契机下有了重新进行审视、整合和落实的机会。

5.2 **本科人才培养定位的修正**

5.2.1 **培养专门人才**

新中国成立以来，我国高等教育中关于通与专的讨论从未停止。从全面学苏时期"否定大而无当的、学非所用、用非所学的博学通才，肯定具体的、学以致用的专门人才"到 20 世纪 80 年代"否定百科全书式的西方普及性本科教育的通才，培养具有坚实基础的专业人才"，可以说，北京大学培养专才的定位一直不曾改变。到了上世纪 90 年代，国家层面仍明确"高等学校

---

25 杜勤、睢行严，《北京大学学制沿革 1949-1998》[M]，北京：北京大学出版社，2000 年，第 267 页。

26 来源于访谈者 A-1，访谈时间：2018-06-10。

27 来源于访谈者 A-2，访谈时间：2018-07-16。

担负着培养高级专门人才、发展科学技术文化和促进现代化建设的重大任务"[28]，北大也清醒地认识到，在处处强调与世界接轨的时期，有关通才的问题不能与世界接轨。这是因为，相比发达国家有近60%的人接受高等教育的情况，我国公民中当时只有百分之二点几接受高等教育，加上成人教育也只有4%，按国际教育界的说法，这依然处在"英才教育"阶段[29]。因此，我国高等教育固然要克服过于狭隘的专业面向，但这并不意味着要培养既懂数理化，又懂文史哲的通才。本科教育还是要有一定的定向性，要培养高等专门人才[30]。

仍强调培养专门人才并不意味着全面肯定北京大学之前的专业教育。虽然整个20世纪80年代，北京大学都在进行着拓宽专业教育基础的努力，如实行了按系招生，合并了一些相近专业等，但由于有些热门专业出于招生考虑不愿拓宽专业口径，学生片面追求上手快、效率高、老师习惯以自己的模型去塑造学生等原因，拓宽专业口径的举措没能得到始终一致的贯彻。1988年旨在加强基础的十六字方针一提出就赶上了六四风波，之后北大的本科教学因为军事训练的要求完全被打乱。因此到上世纪九十年代初期，北大的本科专业教育依然存在计划经济体制下的诸多弊端[31]：

（1）学生学习束缚于一个专业，专业划分过细，分专业过早，教学内容过窄，学生一进专业定终身，教学全过程为狭窄的专业需要服务；

（2）教学过程统得过死，难以在保证基本要求前提下发挥学生的学习主动性和自主权，教学方案缺少因人而异、因材施教的余地；

（3）学校为学生成长包得过多，要求所学知识终生够用，教学过程缺乏竞争机制和克服障碍的锻炼，教学方法较为死板，扶持过多；

---

28 《中国教育改革和发展纲要》（1993）[EB/OL]，http://www.moe.gov.cn/jyb_sjzl/moe_177/tnull_2484.html. 2018-10-29。

29 《21世纪的中国高等教育追求什么样的教育质量》[A]，王义遒，《探索新型综合大学——王义遒教育文选》[M]，武汉：华中科技大学出版社，2018年，第207页。

30 《关于课程体系和教学内容改革的几点意见》[A]，王义遒，《谈学论教集》[C]，北京：北京大学出版社，1997年，第232页。

31 《北京大学1993年教学改革研讨会纪要》（1993年5月26日）[A]，王义遒、孙桂玉、王文清主编，《文理基础学科的人才培养》[M]，北京：北京大学出版社，2005年，第27页。

（4）培养过程比较封闭，不同程度地与社会脱节，不少课程的设
　　置与教学内容比较陈旧。

上述弊端限制了对学生坚实基础的塑造，更无法保证科教兴国战略下国
家对适应 21 世纪的人才素质的全新要求，从而无法实现新时期新型综合大
学一方面培养创新人才，一方面培养职业精英的定位。要改革这些弊端，北
京大学必须在肯定本科教育仍要培养专才的前提下，进一步破除大学本科以
专家为培养目标的观念，树立本科阶段培养素质、奠定基础的观念和主要任
务[32]。

5.2.2　加强全面素质

5.2.2.1　文化素质教育的缘起

1992 年邓小平南巡讲话之后，改革开放重新起步，市场经济的浪潮迅速
席卷中国大地。一时间，世俗化和商业化侵入到社会生活的各个层面。1994
年，面对文化产业化过程中过度商业化和世俗化导致的人文精神的失落，学
术界发起了"人文精神大讨论"[33]。这场讨论指向整个文化道德和人文科学领
域，其探讨的主题是：当市场经济大潮冲垮中国传统价值观念之后，如何
通过人文精神的重建填补人精神方面的巨大空白。由于人文精神是一个内
涵稳定、外延模糊、蕴涵极为深广的概念，它不是 what，而是 how，它极具
活动性和丰富性，具有无限发展的可能性[34]，因此，这场缺乏共同认可的知识
基础的讨论注定无法达至思想的深化和修正，更无法解决人文精神真正的危
机。

与学术界人文精神大讨论几乎同时产生并发展起来的另一大旨在加强人
文主义精神、对抗片面专业主义的思潮是高等教育领域的"文化素质教育运
动"。作为我国特定历史阶段出现的具有中国特色的一种教育运动，文化素质
教育的渊源可以追溯到 20 世纪八十年代。1985 年 5 月，邓小平同志在改革
开放以来第一次全国教育工作会议上指出："我们国家国力的强弱，经济发展
后劲的大小，越来越取决于劳动者的素质，取决于知识分子的数量和质量。"

32　《北京大学 1993 年教学改革研讨会上的主旨发言》[A]，《探索新型综合大学——
　　王义道教育文选》[M]，武汉：华中科技大学出版社，2018 年，第 61 页。

33　注：代表人物有张汝伦、朱学勤、陈思和、王晓明，四人均来自于文史哲三大学
　　科。

34　王小明主编，《人文精神寻思录》[M]，上海：文汇出版社，1996 年，第 158 页。

同年发布的《中共中央关于教育体制改革的决定》进一步明确："在整个教育体制改革过程中，必须牢牢记住改革的根本目的是提高民族素质，多出人才，出好人才。"这被看作是素质教育最初的思想源头[35]。此后，在《中华人民共和国义务教育法》、《中共中央关于社会主义精神文明建设指导方针的决议》和中共十三大报告中，都强调了"提高整个中华民族的思想道德素质和科学文化素质"的问题。1994年8月，《中共中央关于进一步加强和改进学校德育工作的若干意见》第一次正式在中央文件中使用了"素质教育"的概念[36]。不难发现，上述素质教育中的素质指的是全面的素质，它包括思想道德素质、业务素质、文化素质、身心素质[37]等多个方面。

虽然素质是一个全面的概念，但是在素质教育的实践层面，国家花大力气强调的只有提高大学生的文化素质（1995年，原国家教委成立了"加强高等学校文化素质教育试点工作协作组"，开始有计划、有组织地在52所高等学校开展加强大学生文化素质教育的试点工作）。这是因为，在全面的改革开放和市场经济大潮的冲击下，高等教育领域出现了如下问题：

（1）专业主义带来的价值观扭曲影响了社会的正常发展。新中国成立初期，在苏联模式的影响下，我国高校中普遍流行"学好数理化，走遍天下都不怕"；到了20世纪八九十年代，在市场经济的冲击下，"学好英语计算机，迎接挑战和机遇"又成了时髦。不难发现，无论哪个时期，人文科学由于不能产生直接经济利益都备受冷落。这是因为，高等教育作为我国经济发展的工具，很长一段时间内最重要的使命是通过知识的灌输和技能的训练培养大工业时代所需要的标准型专门人才。至于"完成它的人格"[38]早已被抛在脑后[39]。这种片面强调知识与技能的专业教育助长了人和社会的片面性、甚至是畸形化的发展，学生中出现了上文所述的价值的失落、对未来的迷惘

---

35 李岚清，《李岚清教育访谈录》[M]，北京：人民教育出版社，2003年，第298页。

36 李岚清，《李岚清教育访谈录》[M]，北京：人民教育出版社，2003年，第299页。

37 周远清，〈加强文化素质教育，提高高等教育质量〉（周远清在1995年9月加强高等学校文化素质教育试点工作研讨会上的讲话）[J]，《教育与教材研究》，1996年第2期，第4页。

38 高平叔编，《蔡元培全集（第四卷）》[M]，北京：中华书局，1984年，第177页。

39 注：哈瑞·刘易斯在《失去灵魂的卓越：哈佛是如何忘记教育宗旨的》一书中也指出了美国高等教育在"交给学生人文知识，教育学生怎样成为人"方面的缺失，可见，价值观教育是全球现代高等教育面临的共同问题。

和困惑、极端利己主义的人生态度等[40]，这无疑影响到了整个社会的良性发展。

（2）人才修养的不足影响了我国的国际竞争力。面向 21 世纪，国际上经济和科学技术的竞争说到底是人才质量的竞争，而人才质量的差别不仅在于人所掌握的专业知识和技能，更在于人的基本素质，其中文化素质居于非常重要的地位。我国高等专业人才长期单方面发展，缺乏广阔的视野和多方面的学识，以及与此密切相关的高尚的修养，这种缺失直接影响了我国经济和科学技术方面的国际竞争力。

（3）西方文化的涌入动摇了中华文化的地位。中华文化是中华民族创造的，它又融于民族而成为民族的血肉和灵魂，可以说，中华文化与中华民族共存亡[41]。然而，随着改革开放和市场经济的深化，各种西方文化涌入，中华文化受到了极大的冲击。如何保护中华文化，通过教育增强中华民族的凝聚力，成了教育必须应对的挑战。

基于上述原因，上世纪九十年代，以文史哲加上艺术为基本内容[42]、重点旨在重塑人文精神的文化素质从各种素质中脱颖而出，成为我国迫切希望通过教育帮助青年人提高的部分。值得特别注意的是，这一时期主要依托艺术教育开展的美育作为文化素质教育的重要内容，意义已经超出了 20 世纪 80 年代抵御西方不良价值观的范畴。这是因为，随着全面市场经济体制的铺开，人民对物质的追求开始占据统治地位，人与人之间的竞争也愈发激烈，这导致人的内心很容易失去平衡，产生各种心理问题。而作用于感性层面，着眼于保持人本身精神的平衡、和谐和健康，从而塑造一种健全人格的美育恰好可以缓解这种状况，维护每个人精神的和谐，进而维护人与人之间关系的和谐[43]。此外，美育可以发展人的想象力和直观洞察能力，从而激发创新的动力，这恰好迎合了国家培养面向 21 世纪高素质创新人才的诉求。

---

40 叶朗，〈谈谈人文教养和人文学科〉[J]，《中国高等教育》，1996 年第 3 期，第 28-29 页。

41 张楚廷，《素质：中国教育的沉思》[M]，武汉：华中科技大学出版社，2001 年，第 112 页。

42 周远清，〈加强文化素质教育，提高高等教育质量〉（周远清在 1995 年 9 月加强高等学校文化素质教育试点工作研讨会上的讲话）[J]，《教育与教材研究》，1996 年第 2 期，第 4 页。

43 叶朗，〈谈谈人文教养和人文学科〉[J]，《中国高等教育》，1996 年第 3 期，第 28-29 页。

5.2.2.2 文化素质教育与通识教育的内在一致性

从素质教育的缘起不难发现，文化素质教育的出现归根到底是为了应对新中国成立以来我国高等教育专业人才培养过程中长期存在的过度专业主义的问题。在"一切基础课都要为专业教育服务"的片面专业主义认识指导下，高等教育的全部功能和社会作用都归为培养专业人员，这固然符合现代社会专业化程度越来越高，需要越来越多专业人员的实际情况，却也使得一个领域内的专业人员不懂其他领域专业人员的语言，从而强化了社会的离心力[44]。这种离心力不仅不利于应对21世纪日益组合与交叉的科技竞争的挑战，还影响了一个国家、一个民族的凝聚力，无疑是十分危险的。所谓"以无通才为基础之专家临民，其结果不为新民，而为扰民[45]"，专业主义带来的问题提示我们，为了使个体在成为专才之前首先能履行作为公民的责任，每个人必须能以某种方式从整体上把握生活的复杂性。这就要求教育不仅应该给受教育者知识，也应培养受教育者的修养，使其成为一个真正的人，一个合格的社会成员。

不难发现，文化素质教育产生的社会背景与美国哈佛通识教育红皮书所描述的通识教育产生的背景有许多相似之处。第二次世界大战期间和战后美国经济的暂时繁荣，带来了美国现代化大工业生产的发展，经济发展需要补充大量掌握新知识、新技术的工人和管理人员[46]。这催生了美国社会和高等教育对于专业教育的极度推崇，学生进入大学就是为了获得专业教育[47]，进而取得谋生的手段。然而，一个完全由专家控制的社会不是一个明智而有序的社会[48]，民主社会中专业主义带来的离心力导致了社会标准的混乱甚至根本分歧[49]。这让美国教育领域重新思考：如何通过教育一方面使学生掌握某种特定

---

44 [美]哈佛委员会，《哈佛通识教育红皮书》[M]，李曼丽译.北京：北京大学出版社，2010年，第41页。

45 梅贻琦，〈大学一解〉[J]，《清华学报》，1941年第1期，第1-12页。

46 [美]哈佛委员会，《哈佛通识教育红皮书》[M]，李曼丽译，北京：北京大学出版社，2010年，第2页。

47 [美]艾伦·布鲁姆，《美国精神的封闭》[M]，战旭英译，冯克利校.南京：译林出版社，2011年，第5页。

48 [美]哈佛委员会，《哈佛通识教育红皮书》[M]，李曼丽译，北京：北京大学出版社，2010年，第41页。

49 [美]哈佛委员会，《哈佛通识教育红皮书》[M]，李曼丽译，北京：北京大学出版社，2010年，第41页。

的职业或技艺，另一方面使其掌握作为自由人和公民的普遍技艺[50]，从而成为一个"有用的人（Useful Man）"的同时，成为一个"好人（Good Man）"、"善良正直的公民（Good Citizen）"[51]，进而形成一个具有共同生活的和谐的社会。哈佛红皮书指出，通识教育就是为了塑造共同标准和共同目标的教育，旨在培养见多识广的负责任的人的社会公民。通识教育和专业教育是一个人应该接受的教育的两个方面，共同构成高等教育的目的[52]。

鉴于素质教育和通识教育的内在一致性，这一时期北京大学在素质教育的概念表述中，多次出现"通识教育"、"通识课程"的字眼，不过，在当时的语境下，通识教育是素质教育的下位概念，这在下文的论述中将会看到。

5.2.2.3 北大有关全面素质教育的设想

北京大学历来重视对受教育者品格、素质等综合能力的培养。早在五四时期，蔡元培校长就指出："大学为纯粹研究学问之机关，不可视为养成资格之所，亦不可视为贩卖知识之所。学者当有研究学问之兴趣，尤当养成学问家之人格[53]，"仅仅为灌注知识，学习技能之作用，而不贯之以理想，则是机械之教育，非所以施之人类也"[54]。1952年全国院系调整以后，北京大学成为一所以培养文理基础学科研究和教学人才为主的重点综合性大学。作为国家文化科学的标志，北大培养的高级专门人才担负着发展国家文化和科学的重任，综合素质必不可少。然而，改革开放之后，由于原来偏重于文化科学使命的状况不能完全适应市场经济的需要，北京大学进行了一系列改革以培养实际工作者，这种对市场的回应一定程度上弱化了北大自身的"文化"使命。

1993年，根据国家关于素质的论述，北京大学再次明确：一个民族只有具备较高的文明素质和一种内凝精神，才能形成蕴蓄巨大能量的合力，才能保证经济上的持续稳定发展。因此，教育不仅要为国家经济建设和社会全面

---

50 [美]哈佛委员会，《哈佛通识教育红皮书》[M]，李曼丽译，北京：北京大学出版社，2010年，第42页。

51 [美]哈佛委员会，《哈佛通识教育红皮书》[M]，李曼丽译，北京：北京大学出版社，2010年，第5页。

52 [美]哈佛委员会，《哈佛通识教育红皮书》[M]，李曼丽译，北京：北京大学出版社，2010年，第4页。

53 蔡元培，《蔡孑民先生言行录》[M]，北京：北京大学出版部，1920年，第296页。

54 蔡元培，《蔡元培教育论集》[C]，长沙：湖南教育出版社，1987年，第34页。

进步培养出优秀人才，创造出丰硕的科研成果，提供有效的社会服务，而且必须要注意民族素质的培养，融炼出一种具有时代精神的新文化，并使这种新文化变成一种文明的、蓬勃向上的民族精神。不能忘了北大在培养和提高民族素质和民族精神方面所肩负的文化使命……要为培养和提高民族素质和民族精神做出更大贡献。[55]在《今日北大》（1993-1997）卷中，学校这样总结新时期北大要塑造的人才素质：具有热烈追求学习知识的态度，具有适应不断变更的职业和工作内容的意识，懂得正确对待自己，对待别人，对待人类和自然，树立对社会主义祖国、民族以及人类社会进步与发展的责任感和使命感；要懂得集体的力量，锻炼自己的表达、交流和组织的能力。[56]上述素质被时任北京大学副校长的王义遒归纳为"两种态度，两种能力"，即积极学习和正确做人的态度，独立获取知识和表达交流的能力[57]。王义遒认为，有了这两种态度，两种能力，一个人就会有如饥似渴的求知欲，有独立获取知识的能力，就能将未知变成已知，什么知识都能学会，什么能力都能掌握。相比两种能力，积极主动的学习态度和正确对待自己、对待他人的态度更为关键，是 21 世纪创新人才所要具备的最重要素质。

北大有关"态度"的认识与 1995 年北大校领导访美过程中美国同行强调的"态度"（attitude，能够与人合作共事、懂得科学的社会意义、具有社会责任感[58]）相一致，也得到了时任国家教委副主任周远清"态度就是做人，就是素质"[59]的肯定，这给了北大极大的信心。于是，在《北京大学本科教学计划》（1996 版本）的培养规格中，学校明确提出了提升"包括文化素质在内的学生整个基础素质[60]"的要求[61]：

---

55 王义遒，《发扬北大传统，肩负文化使命》[N]，《北大校刊》，1993-4-20。

56 今日北大编写组，《今日北大（1993-1997 年卷）》[M]，北京：北京大学出版社，1998 年，第 65 页。

57 王义遒，《行行重行行——王义遒口述史》[M]，武汉：华中科技大学出版社，2019 年，第 134 页。

58 王义遒、闵维方、史守旭，〈美国高等教育的现状与发展趋势——美国大学访问见闻与思考〉[J]，《辽宁高等教育研究》，1995 年第 9 期，第 7-12 页。

59 王义遒，《行行重行行——王义遒口述史》[M]，武汉：华中科技大学出版社，2019 年，第 240 页。

60 《发挥综合大学优势，加强文化素质教育——北大加强大学生文化素质教育工作汇报》（1996）[Z]，北京大学档案馆馆藏，档号：30396046(07)。

61 杜勤、眭行严，《北京大学学制沿革 1949-1998》[M]，北京：北京大学出版社，2000 年，第 285 页。

1. 加强学生的素质，包括业务素质、文化素质、思想品德素质和身
   心素质；

2. 使学生建立终身学习的观念并特别重视对学生获取知识的能力
   的培养；

3. 要注意拓宽专业面，优化学生的知识结构，培养学生的全面素
   质；

4. 要切实加强对学生实际工作能力的培养。

通过上述分析我们看到，与国家层面以文化素质教育作为切入口，主要
提倡理科学生要选修人文社科、艺术类课程不同，北京大学这一时期更多的
是试图以国家层面大力提倡文化素质教育为契机，通过推行大学生全面素质
教育的种种举措，培养具备两种能力、两种态度的专业人才，这一设想比单
纯的文化素质教育要全面得多。然而，在下文的论述中，我们将看到北大的
文化素质教育实践与全面的素质教育理念的脱节。

5.3　面向学科的专业设置

虽然在之前的十几年中，北京大学一直尝试拓宽专业口径，增设应用学
科专业，但由于旧体制的影响根深蒂固，整体上来说，到上世纪九十年代初
期，北大仍存在专业口径过窄、培养规格过死的问题。这显然不符合新时期
学校培养高素质、厚基础专业人才的指导思想。于是，在新一轮改革展开之
初，学校首先明确，要树立大学教育应更加综合化和通识化的观念，拓宽高
校的专业设置，加强那些概括性强、适应面广、具有普遍意义的基础理论、
基本知识和基本技能的专业，增强学生对新知识新技术的掌握能力和创造潜
力[62]。

5.3.1　本科专业目录的修订过程

这里有必要首先厘清专业和学科的概念。学科是"一定科学领域或一门
科学的分支"[63]。学科的划分，遵循知识体系自身的逻辑，因此具有相对稳

---

62 吴树青，〈面向 21 世纪中国高等教育的思考〉[J]，《中国高教研究》，1996 年第 3
   期，第 10-11 页。

63 《辞海》编辑委员会编，《辞海》[M]，上海：上海辞书出版社，1999 年，第 1934
   页。

定的结构。即使是在学科分化和综合的演变中形成的新的交叉学科、边缘学科和综合性学科，也有相对稳定的研究领域。所谓专业（speciality），在西方高等教育中是指范围大小不同的专门"领域"，如美国高等学校的主修（major），对应一组灵活的课程计划（program）[64]。在中国，专业（profession）作为学习苏联高等教育的产物，则是高等教育培养学生的各个固化的专门领域。它是以学科为依托，以社会需求为导向进行提前划分的。可以说，中国和苏联高等教育的"专业"处在学科体系和社会职业需求的交叉点上[65]。高等学校根据固化的专业制定培养目标、教学计划，进行招生、教学、毕业生分配等项工作，为国家培养、输送所需的各种专门人才；学生亦按此进行学习，形成自己在某一专门领域的专长，为未来职业活动做准备[66]。不难发现，中国和苏联的"专业"与韦伯所说的"专业"有着内在的一致性——专业教育培养"技术官僚"，这些接受过专业训练的官员组织系统承担着我们日常社会生活一切至关重要的职能[67]。

院系调整后，我国高等学校开始参照苏联高等学校的模式设置专业，培养专门人才。这之后到 20 世纪末期，高等学校的专业目录一直是我国高等教育的基本文件之一，它规定了专业的名称与划分标准，反映了人才培养的业务范围与工作去向，是国家有计划按比例培养各类专门人才、设置与调整专业、进行人才预测和毕业生分配的一项重要依据[68]。回顾国家层面对于本科专业目录的修订过程（1954 年、1964 年、1982-1988 年，1993 年，1997 年 5 次修订），我们发现，不同时期对于专业划分标准的认识发生了明显的转向：

（1）1954 年：完全按照行业部门作为专业分类的依据。1954 年，我国效仿苏联大学的专业目录，完全以工业、建筑、运输、农业、林业、财政经

---

64 顾明远主编，《教育大辞典（第三卷）》[Z]，上海：上海教育出版社，1998 年，第26 页。

65 冯向东，〈学科、专业建设与人才培养〉[J]，《高等教育研究》，2002 年第 5 期，第 67-71 页。

66 顾明远主编，《教育大辞典（第三卷）》[Z]，上海：上海教育出版社，1991 年，第26-27 页。

67 [德]马克思·韦伯，《文明的脚步：韦伯文集》[M]，黄宪起译，上海：上海三联书店，1988 年，第 4-6 页。

68 《关于修订理科本科专业目录的意见》[A]，王义道，《探索新型综合性大学——王义道教育文选》[M]，武汉：华中科技大学出版社，2018 年，第 97 页。

济、保健、体育、法律、教育等 11 个行业部门生产需要为标准划分专业门类，共设置 257 种专业。

（2）1964 年：新的《高等学校通用专业目录》开始改变单纯以行业部门作为专业分类框架依据的做法，提出"高等学校划分专业应该考虑到国家用人各部门所需要的各种专门人才的种类、业务范围和数量；同时，应该考虑学科发展的状况[69]"。新《目录》共设置工科、农科、林科、医科、师范、文科、理科、政法、财经、体育和艺术等 11 个一级类和 432 个专业[70]。

（3）20 世纪 80 年代：以"划分专业一般应以学科为主，同时根据学科的不同性质，适当兼顾业务部门的需要[71]"为原则设置专业。由于文化大革命对高等教育的破坏，20 世纪 70 年代末，高校的专业设置极度混乱，且过度细分，达到了 1000 多种。1978 年 8 月，教育部、国家计委联合发布《关于进行高等学校专业调查和调整工作的通知》，提出要通过修订解决如下问题：理、工、农科某些专业面过窄，分工过细，基础理论薄弱，培养的学生适应性差；文科有的专业残缺不全，有的专业面太宽，培养目标不明确；有的专业陈旧落后，一些与新兴和边缘学科相关的专业是空白，不能适应科学现代化的需要；有的专业存在不必要的重复，有些配套专业之间的比例不协调，使人才浪费[72]。于是，在接下来长达十年的时间内，国家教委陆续发布了《普通高等学校工科本科专业目录》、《普通高等学校农科、林科本科专业目录》、《全国普通高等学校医药本科专业目录》、《普通高等学校理科本科专业目录》、《普通高等学校社会科学本科专业目录》、《普通高等师范本科专业目录》、《全国普通高等学校体育本科专业目录》等 7 个分门类的专业目录。在上述 7 个门类下，又设置了 77 个专业类（即一级学科），702 种专业[73][74]。这

69　国家计划委员会、教育部，《关于修订"高等学校通用专业目录"和"高等学校绝密、机密专业目录"的报告》[Z]，1963-08-07。

70　刘少雪，《高等学校本科专业结构、设置及管理机制研究》[M]，北京：高等教育出版社，2009 年。

71　国家教委高教一司，《关于修订普通高等学校社会科学本科专业目录的情况和意见》[Z]，1987-10-28。

72　中央教科所编，《中华人民共和国教育大事记（1949-1982）》[M]，北京：教育科学出版社，1983 年。

73　国家教育委员会高教一司，《普通高等学校社会科学本科专业目录与专业简介》[M]，武汉：武汉大学出版社，1989 年。

74　国家教育委员会高教二司，《普通高等学校本科专业目录及简介理工农林医药》[M]，北京：科学出版社，1989 年。

相比之前的 1000 余种专业已经压缩了不少。我们发现，实质上上述 7 个门类和 1964 年专业目录中的 11 个门类是一致的（原文科、财经、政法、艺术四类被合并为社会科学类，实质未变），因此，可以说这一次国家对专业目录的修订是对 1964 版高等学校专业目录的恢复和重新确认。作为十年动乱之后恢复和整顿高等教育的重要举措之一，这次专业目录修订工作对于快速培养适应社会发展趋势的高级专门人才发挥了重要作用。不过，我们也看到，由于这次修订是由各大学科领域分头进行的，它一定程度上强化了高校和专业设置的行业或部门化趋势，不利于高等教育管理部门从整体上规划和涉及高等学校的专业设置[75]。

（4）20 世纪 90 年代。开始按照学科标准划分专业。随着高校自主权的逐步放开，各大高校纷纷新设专业，以迎合市场需求。这些新设专业设置往往口径过细、完全面向职业，非常不利于高等教育的长期健康发展。面对新一轮的专业膨胀，1989 年，国家再次启动本科专业目录修订，以"及早制定一个体系完整、统一规范、比较科学合理的专业目录"[76]。1993 年，《普通高等学校本科专业目录》正式颁布，这次目录摒弃了上两次专业目录中学科与行业相结合的分类方法，转而沿用 1981 年《中华人民共和国学位条例暂行实施办法》中对于学位授予的学科门类划分，将本科专业分为哲学、经济学、法学、教育学、文学、历史学、理学、工学、农学、医学等十个大的学科门类（下设 71 个二级类（一级学科），专业则被进一步压缩到 504 种，其中含有 56 种跨学科门类的专业[77]）。这和 1990 年研究生专业目录中的学科分类法也是一致的。作为国家对计划经济到市场经济体制变革下人才新需求的回应，本次专业目录修订及时遏制了高校专业设置盲目扩张、仅考虑职业面向的不良趋势。从此之后，高等教育中的专业教育和学位授予取得了统一，本科教育和研究生教育也能够衔接起来了。

1997 年 4 月，教育部再次下达了《关于进行普通高等学校本科专业目录修订工作的通知》，要求"继续拓宽专业口径，增强专业的适应性，培养宽口

---

75 刘少雪，《高等学校本科专业结构、设置及管理机制研究》[M]，北京：高等教育出版社，2009 年，第 34 页。

76 教育部高教司，《关于印发〈普通高等学校本科专业目录〉等文件的通知》[Z]，1993 年。

77 国家教育委员会高等教育司，《普通高等学校本科专业目录和专业简介（1993 年 7 月颁布）》[M]，北京：高等教育出版社，1993 年。

径高素质的专门人才"，"专业主要应按学科划分，应用科学也可按工程对象、业务对象划分，但必须有明确的主干学科或主要学科基础"[78]。1997-1998 年，第四次高等学校本科专业目录修订产生了全新的《普通高等学校本科专业目录》。与 1993 版专业目录相比，新版专业目录根据社会发展的具体形势，增设了管理学门类（因此总学科门类增加到 11 个），下设 71 个专业类（一级学科），具体专业数下降了一半（由 504 个减少为 249 个），其中包括跨学科门类专业 31 个。[79] [80]。

20 世纪 90 年代的两次高等学校本科专业目录修订彻底扭转了按照行业划分专业目录的苏联模式传统，开启了按照学科本身的门类划分专业的新时代。至此，从国家导向层面而言，专业教育的目的不再是纯粹为了"使人们成为医生、药剂师、律师、法官、经济管理者、公务员、中学理科和人文学科教师等具有实践经验的专业工作者"[81]，作为高等学校结合高深知识的学科分化和具体的社会分工需要设立的学业类别，专业首先具有了客观的、理智的、利他的目的[82]。

5.3.2 基于学科的全新专业设置

学科建设是一所大学的立校之本、发展之基，也直接决定着大学的专业设置与人才培养。然而，从 20 世纪 80 年代后期开始到 20 世纪 90 年代初期，北京大学一直将坚持四项基本原则、反对资产阶级自由化、防止和平演变作为工作重心，在学科建设上着力不足。1992 年，邓小平同志发表"加快改革开放步伐，集中力量把经济建设搞上去"的南方讲话之后，国内的整个形势发生了逆转，北京大学迅速作出反应，在 1992 年 3 月 26 日召开的全校教师大会上正式提出：（北京大学）要转变工作重点，加快学科建设，使

---

78 国家教育委员会，《关于进行普通高等学校本科专业目录修订工作的通知》[Z]，1997 年。

79 教育部高等教育司，《普通高等学校本科专业目录和专业介绍》[M]，北京：高等教育出版社，1998 年。

80 郭雷振，〈我国高校本科专业目录修订的演变——兼论目录对高校专业设置数量的调节〉[J]，《现代教育科学》，2013 年第 2 期，第 44-49、54 页。

81 [西]奥尔特加·加塞特著，《大学的使命》[M]，徐小洲、陈军译，杭州：浙江教育出版社，2003 年，第 9 页。

82 [美]亚伯拉罕·弗莱克斯纳著，《现代大学论》[M]，徐辉、陈晓菲译，杭州：浙江教育出版社，2001 年，第 23-24 页。

学科建设适应经济建设为中心的社会主义建设需要[83]。这标志着"学科建设"取代"稳定师生情绪和加强管理"[84]成为北京大学在 20 世纪末期的核心工作。

经过全校的热烈讨论，北京大学学科建设的具体方向明确为：保持与发扬基础学科优势，加强和发展应用学科、边缘交叉学科，建设新兴工程技术学科[85]。在这一导向下，北京大学结合学校在学科方面的特色和优势，依据国家层面最新发布的高等学校专业目录精神，在 211 工程的支持下，陆续重组了如下专业院系[86][87]：

1993 年——在生物系的基础上组建了生命科学学院；在经济管理系和管理科学研究中心的基础上成立了工商管理学院和工商管理研究所；

1994 年——在化学系的基础上成立了化学与分子工程学院；

1995 年——在数学系和概率统计系的基础上成立了数学科学学院；力学系改为力学与工程科学系；

1996 年——无线电电子学系改为电子学系。

按照学校当时的计划，接下来要依托上述院系，在理科建设数学、物理、化学、生命科学与生物工程等具有优势的基础学科以及电子信息科学与技术学科群（依托计算机科学技术系、电子学系、力学系等）、地球系统与资源环境学科群（依托地球物理学、地质学、地理学、生态学、遥感与地理信息学、计算机、应用力学等学科）、新功能材料、器件和分子工程学学科群（依托物理系、化学与分子工程学院、电子学系、力学系等单位），在文科建立中国传统文化学科群（依托中文、历史、哲学、考古 4 个系），经济学与市场经济学

---

83 王义道，《行行重行行——王义道口述史》[M]，武汉：华中科技大学出版社，2019年，第 196 页。

84 王义道，《行行重行行——王义道口述史》[M]，武汉：华中科技大学出版社，2019年，第 220 页。

85 北京大学教务长办公室编，《北京大学教学成果展览（庆祝建校 95 周年）》[Z]，1993 年。

86 今日北大编写组，《今日北大（1993-1997）》[M]，北京：北京大学出版社，1998年，第 15 页。

87 注：学系升级为学院意味着其功能和所承担的任务进一步向科学研究和学科建设拓展，这是在为下一步的学科群建设做准备。未升级为学院的系有两种情况，一种是专业设置、学生人数规模较小，不够资格升级为学院；另一种是本可以合并为一个学院的相关系各自为政，不愿意合并为一个学院（来源于访谈者 A-1，访谈时间：2018-6-10）。

科群（依托经济学院、工商管理学院等）[88][89]。虽然这些学科群并未建成，但这种设想反映了北京大学对于学科协作、学科融合的理念认识[90]。

在上述学科建设的基础上，北大的专业设置也发生了相应的变化（详见表5-1、表5-2）。

表5-1　1997年北京大学院系专业设置情况[91]

院　系		专　业	备　注
数学科学学院	数学系	各学系不再设置专业	1995年在原数学系、概率统计系的基础上成立学院。
	概率统计系		
	科学与工程计算系		
	金融数学系		
力学与工程科学系		理论与应用力学	1995年由力学系更名而来，2006年在此基础上重建工学院。
		结构工程	
物理学系		物理学	2001年更名为物理学院
地球物理学系[92]		地球物理学	/
		大气科学	
		空间物理学	
		天文学	
技术物理系[93]		原子核物理学与核技术	/
		应用化学	
电子学系		信息与电子科学	2002并入信息科学技术学院。

88　《北京大学申请"211工程"预审的报告（重点学科与学科群建设）》（1994）[Z]，北京大学档案馆馆藏，档号：30419940045。

89　国家教委办公厅（教计厅）（1996）19号，《关于转发〈国家计委关于北京大学"211工程"建设项目可行性研究报告的批复〉的通知》[Z]。

90　注：2009年，为了推行大类平台课，北大把全校各院系划分为理学类、文史类、社科类、经济管理类四大类。在此基础上，2016年，北大正式成立了理学部、人文学部、经济与管理学部、信息与工程科学部、医学部等多个学部。可以说，20世纪90年代关于学科群的设想就是学部制的雏形。

91　今日北大编写组，《今日北大（1993-1997）》[M]，北京：北京大学出版社，1998年，第61页。

92　注：部分专业并入环境学院，部分专业并入地质与空间学院。

93　注：应用化学专业环境化学教研室与城市环境系于2002年成立环境学院。

院　系	专　业	备　注
计算机科学技术系	计算机软件	2002 年在原电子学系、计算机科学技术系、信息科学中心和微电子学研究所的基础上，组建成立信息科学技术学院。
	计算机及应用	
	软件工程	
	微电子学	
化学与分子工程学院	化学系	各学系不再设置专业	1994 年化学系发展成为学院。
	材料化学系		
	高分子科学与工程系		
生命科学学院	生物化学及分子生物学系	各学系不再设置专业	1993 年生物学系发展成学院。
	细胞生物学及遗传学系		
	植物分子及发育生物学系		
	生理学及生物物理学系		
	环境生物学及生态学系		
	生物技术系		
地质学系	地质学	2001 年由北大地质学系、地球物理学系的相关专业、城市与环境学系相关专业组成地质与空间学院。
	构造地质学	
	岩矿地球化学	
	地震地质学	
	古生物学及地层学	
城市与环境学系[94]	城市与区域规划	/
	自然地理学	
	地貌学与第四季地质学	
	环境学	
	房地产开发与管理	
	旅游开发与管理	
心理学系	心理学	2016 年更名为心理与认知科学学院。
	应用心理学	
中国语言文学系	中国文学	/
	汉语言学	
	古典文献	
历史学系	中国历史	/
	世界历史	

94 注：2002 年与技术物理系环境化学教研室组成环境学院。

院　系		专　业	备　注
考古学系		考古学	2002 年更名为考古文博学院。
		博物馆学	
哲学系		哲学	/
		逻辑学	/
宗教学系		宗教学	1995 年成立。
国际关系学院	国际政治系	各学系不再设置专业	1996 年由原国际政治系、国际关系研究所、亚非研究所组建成学院。
	外交学与外事管理系		
	国际传播与文化交流学系		
经济学院	经济学系	各学系不再设置专业	1985 年在原经济学系基础上扩充建立学院。
	国际经济系		
	国际金融系		
	国际贸易系		
	保险学系		
光华管理学院	企业管理系	各系不再设置专业	1994 年在 1993 年成立的北大工商管理学院基础上组建而成。
	财务学系		
	会计学系		
	市场营销系		
	货币银行学系		
法律学系		法学	1999 更名为法学院。
		经济法	
		国际法	
		国际经济法	
信息管理系		科技信息（情报学）	1992 年从图书馆系更名而来。
		图书馆学	
		编辑学	
社会学系		社会学	/
		社会工作与管理	
政治学与行政管理系		政治学	2001 年更名为政府管理学院。
		行政管理学	
东方学系[95]		蒙古语言文化	/

___

95 注：2008 年所有外语专业组建外国语学院。

院　系	专　业	备　注
	朝鲜语言文化	
	日本语言文化	
	越南语言文化	
	泰语语言文化	
	缅甸语言文化	
	印度尼西亚语言文化	
	菲律宾语言文化	
	印度语言文化	
	巴基斯坦语言文化	
	波斯语言文化	
	阿拉伯语言文化	
	希伯来语言文化	
西方语言文学系	法语语言文学	/
	德语语言文学	
	西班牙语语言文学	
俄罗斯语言文学系	俄罗斯语言文学	/
英语语言文学系	英语语言文学	/
艺术系	广告学	1997 年成立学系，2006 年更名为艺术学院。
	艺术学	
	文化艺术管理	
马克思主义学院	思想政治教育	1992 年组建。

表 5-2　1997 年北京大学本科第二学士专业设置[96]

院、系	专业名称
国际关系学院	国际文化交流
心理学系	应用心理（体育）
法律学系	法学
知识产权学院	知识产权法

96 今日北大编写组，《今日北大（1993-1997）》[M]，北京：北京大学出版社，1998 年。

从全新的专业设置不难发现，北大相当一部分院系专业被取消——全校 30 个学系／学院中，已有 6 个在系一级下面不设专业，还有一些院系进一步合并相近专业，如电子学系原来设有无线电电子学、电子与离子物理、波谱学及量子电子学、声学四个专业，现在将上述四个专业合并为一个信息与电子科学专业，这个专业覆盖了无线电电子学的各个方面。这意味着北京大学本科人才培养新一轮转向的发生：学科、或是学科下的某一分支（一级学科）已经取代专业，成为北大本科人才培养的基本组织形式。这和上文中提及的国家在 20 世纪 90 年代两次专业目录修订的指导思想是一致的。

此外，从上述专业设置中，我们也看到了北京大学新创办的包括国际贸易、保险学、会计学、市场营销、货币银行学、国际经济法、知识产权法、外交学与外事管理、广告学、思想政治教育、环境学、材料化学、软件工程、生物技术、应用心理学、环境规划与管理以及金融数学、结构工程、文化艺术管理、艺术学等在内的一系列应用学科、边缘交叉学科、新兴工程技术学科本科专业。这些专业从总体上进一步增强了学校教学适应社会主义建设的能力，为北大建设"面向现代化、面向世界、面向未来的、门类比较齐全且有自身特色的，整体达到国内先进水平，部分达到国际先进水平的学科体系[97]"的美好愿景打下了基础。

5.3.3 调整不同学科专业招生比例

除进一步拓宽专业口径，尽可能在一二级学科层面设置专业之外，北京大学还开始适当降低基础学科的比例，转而向应用学科、实用学科倾斜，从而使基础和应用保持均势，以适应当时国家经济建设和社会发展的需要[98]。

上世纪九十年代，在市场经济冲击下，考生及其家长愈发喜欢选择应用性、技术性、经济类学科专业，不愿意选择基础类学科专业，而北大在 1989-1992 年间，主要精力都放在防止和平演变方面，学科专业设置方面着力不多，这导致 1993 年北京大学正式取消一年军事训练、恢复招收四年制本科生之时

---

97 《北京大学改革与发展纲要（1994）》[A]，王义道、孙桂玉、王文清主编，《文理基础学科的人才培养》[M]，北京：北京大学出版社，2005 年，第 43 页。

98 《北京大学 1994 年招生工作总结》（1994）[Z]，北京大学档案馆馆藏，档号：3031994008。

遇到了很大的困难——北大相当数量的系和专业的生源无法得到保证（如理科的数学、技术物理、力学、地质、地球、概率、心理，文科、外语科的中文、历史、哲学、考古、图书馆、东方学、俄语等系，第一志愿不能满足招生计划，不得不从第二、第三志愿中录取，甚至有的专业只能降分录取）。面对这种尴尬的局面，北京大学在《中国教育改革和发展纲要》"（高等教育）规模有较大发展，结构更加合理，质量和效益明显提高"的要求指导下提出：北大固然要一方面继续发扬基础学科的相对优势，充当国家文化和科学发展的重要标志，另一方面为经济和政治体制改革提供切实的贡献和支持，但是，北大不能"什么都干，包打天下"[99]。"基础学科要少而精、高层次，不一定大兵团作战。北大培养的学生是出类拔萃的，引领我们整个中国甚至世界科技潮流的人，数量不在多，关键在质量"[100]。基于这种认识，1994 年，北大正式调整招生策略，一方面大幅度增加了计算机、经济管理类专业的招生数，另一方面压缩冷门长线专业的人数（如表 5-3、表 5-4 对北大八九十年代招生数字的对比所示[101]，理科方面，物理、心理、地质、地理相关专业招生人数出现了一定幅度的缩减，而计算机软件专业招生数出现了大幅上升，此外，还新增了国际金融、保险等应用学科专业。文科方面，中文、历史、哲学等相关专业招生人数都有所缩减，新增财务、广告等应用学科专业招生人数较多。）。当然，压缩基础学科比例并不代表学校要弱化基础学科。为了保证文理基础学科专业的生源质量，北大这一时期大幅提高基础学科专业理科保送生的比例（1994 年北京大学数学系保送生比例达 43%，物理系达 35%，化学系达 28%[102]）、举办全部通过保送进行招生的文科试验班，最大限度地保障一流基础学科创新人才的培养。

99　王义道，《行行重行行——王义道口述史》[M]，武汉：华中科技大学出版社，2019 年，第 222 页。

100　《北京大学 1994 年招生工作总结》（1994）[Z]，北京大学档案馆馆藏，档号：3031994008。

101　注：将 1988 年和 1994 年北京大学各专业的招生数字放在一起做比较。由于篇幅所限，仅比较文理科专业，语言科不做比较。不难发现，20 世纪 90 年代增加新兴学科专业招生数，压缩基础学科招生数字的明显趋势。

102　《北京大学 1994 年招生工作总结》（1994）[Z]，北京大学档案馆馆藏，档号：3031994008。

表 5-3　北京大学理科招生情况统计（1988 / 1994）[103][104]

招生专业（1988）	招生数	招生院系 / 专业（1994）	招生数
数学	40	计算数学及其应用软件专业	69
应用数学	40		
计算数学及其应用软件	35		
概率统计	40	概率统计系	26
物理学	120	物理学系	71
计算机软件	90	计算机软件专业	163
微电子学	20	微电子学专业	21
无线电系[105]	70	无线电电子学系	73
力学系	60	力学与工程科学系	36
地球物理学	39	地球物理系[106]	40
大气物理与大气环境	20		
天气动力学	30		
空间物理学	10		
天文学	10		
原子核物理与核技术	50	原子核物理及核技术专业	20
应用化学	60	应用化学专业	21
化学	170	化学与分子工程学院	164
生物化学	40	生物化学与分子生物学系	39
生理学	10	生物技术系	31
生物物理学	19	生命科学[107]	69
细胞生物学、遗传学	20		
植物学	10		
植物生理学	15		
生态学及环境生物学	15		

---

103 《1988 年招生工作总结》（1988）[Z]，北京大学档案馆馆藏，档号：30388008(13)。

104 《再接再厉，稳定和提高新生质量——北京大学 1994 年招生工作研讨会纪要》（1994）[Z]，北京大学档案馆馆藏，档号：30394008(16)。

105 注：含电子学与信息系统、无线电物理学、物理电子学、声学四个专业。

106 注：含大气、空间、天文、地球物理四个专业。

107 注：含细胞遗传、生物及生物物理、植物分子、生态环境专业。

招生专业（1988）	招生数	招生院系／专业（1994）	招生数
微生物学	10		
心理学	40	心理学系	19
科技情报学	40	科技信息专业	36
企业管理	30	企业管理专业	33
地貌学及第四纪学	20	城市与环境学系	71
自然地理学	30		
经济地理学与城乡区域规划	37		
岩矿地球化学	36	地质学系	27
构造地质学	29		
地震地质学	20		
古生物及地层学	20		
/	/	国际金融专业	40
/	/	保险专业	33
合计	1345	合计	1102

表 5-4　北京大学文科招生情况统计（1988／1994）[108][109]

招生专业（1988）	招生数	招生系／专业（1994）	招生数
中国文学	35	中国语言文学系	53
汉语	20		
古典文献	15		
编辑学	20		
中国史	40	历史学系	25
世界史	20		
考古	25	考古学系	14
哲学	30	哲学系	20
宗教学	15	/	/
国民经济管理学	40	/	/
经济学	40	经济学专业	41

---

108 《1988 年招生工作总结》（1988）[Z]，北京大学档案馆馆藏，档号：30388008(13)。

109 《再接再厉，稳定和提高新生质量——北京大学 1994 年招生工作研讨会纪要》（1994）[Z]，北京大学档案馆馆藏，档号：30394008(16)。

招生专业（1988）	招生数	招生系／专业（1994）	招生数
国际经济	40	国际经济专业	50
国际政治	30	国际政治系	60
国际共产主义运动	25	／	／
政治学	50	政治学与行政管理系	47
法学	65	法律学系	129
国际法	15		
经济法	70		
社会学	35	社会学系	23
图书馆学	40	图书馆学系	18
／	／	财务学专业	62
／	／	思想政治教育专业	41
／	／	广告学专业	20
／	／	文科实验班[110]	28
合计	670	合计	631

5.4 课程体系及教学安排的调整

既要按照专业进行教育，又要淡化专业，培养学生的整体素质，这除了需要专业设置上的准备，北大在课程设置及教学安排上也做出了相应的调整。

5.4.1 压缩总学分，提倡自主学习

取消本科生一年军事训练之后，北大就试图改革教学计划，自93级开始将毕业总学分要求从 170-180 降为 160-170 学分，以给予学生更多的自学时间和自我发展空间。然而，受到"大一大二要加大课程量，以免学生一入学有太多空档时间，放任自流，不易管理[111]"的思想影响，这一设想没有被真正贯彻执行。1994 年，在日本把"提高教育质量作为面向二十一世纪的总体思路"影响下，我国教育部迅速提出"高等教育面向廿一世纪教学内容和课

---

110 注：由于文史哲招生质量严重下降，北大从 1994 年起设立文科实验班，通过提前保送方式招收优秀的文科学生学习文史哲专业（下文会详细阐述文科实验班的设置）。

111 《哲学系九四级第一学期学习情况分析》（1995）[Z]，北京大学档案馆馆藏，档号：30395039。

程体系改革计划"，该计划旨在进一步改革陈旧的教学内容，提高教学质量，应对世界科学技术的急剧变革和我国经济社会的高速发展[112]。次年，国务院又开始在全国推行每周工作 40 个小时的新工时制度，这意味着之前每周六天的课程只能压缩到五个工作日内进行。上述两个事件迫使北大必须根据新的形势对课程体系做出改革。而在这两年当中，北大也已经通过各种研讨会、教学实践、市场经济体制下对人才需求的调研，帮助教师在一定程度上打破了狭隘的专业观念，认清了人才素质的重要性。可以说，随着"加强基础、淡化专业、因材施教、分流培养"的十六字方针和素质教育的理念逐步深入人心，北大新一轮的教学改革也具备了一定的思想基础。1995 年，北京大学以化学与分子工程学院、物理系、历史系、法律系四个院系为试点，正式启动了面向 21 世纪的北大本科课程体系改革。

在充分试点的基础上，北大最终在 1996 年修订完成的最新教学计划中将总学分限制在 150 左右，每学期所修学分则限定在 21 学分以下[113]，其中，必修课学分不超过 70%，选修课学分不超过 30%（其中任意选修课至少占10%，以充分尊重学生的兴趣和拓宽学生的知识面）。该规定自 1996 年入学新生开始实施。不难发现，这个总学分要求相比 1990 年版教学计划 170-180个学分的毕业要求，有了 20-30 学分的削减，这相当于减少了一个学期的教学时间。学校认为，面对 21 世纪科学技术和人类社会的迅猛发展，北京大学必须要给学生留出足够多的时间安排自学，每门课不要绷得太紧，内容不要讲得太慢、太全，甚至不要讲得太好，只有这样才能给学生留下更多的自主学习时间，真正培养学生的能力，以应对不断发展的态势，并让他们能根据自己的兴趣和能力去获取知识、发挥特长[114]。以历史系为例，为了实现"厚基础，宽口径"的人才培养目标，在压缩总课时和总学分的前提下，历史系一方面通过占总学分近 70% 的基础课（基础课包括：必修的专业基础课 51 学分，培养研究能力的 12 学分、公共课 38 学分）来保证学生具备较扎实的基

---

112 《国家教委专职委员、高教司司长周远清同志在高等学校文化素质教育试点工作研讨会上的专题报告》（1995 年 10 月 20 日于武汉华中理工大学）（1995）[Z]，北京大学档案馆馆藏，档号：30395003。

113 《关于印发《关于修订教学计划的原则和要求》的通知》（1996）[Z]，北京大学档案馆馆藏，档号：30396046。

114 《数学学院关于面向 21 世纪教学该内容和课程体系改革的思路与措施》（1998）[Z]，北京大学档案馆馆藏，档号：61219980593。

本理论、基础知识、基本技能，另一方面通过由学生自己进行选修的 30%学分帮助他们拓展能力，发展兴趣[115]。事实上，留给学生足够的自主学习时间不仅是培养适应 21 世纪需要的高素质创新人才的必须，也是培养一个完整的人的基本要求。梅贻琦早在 1942 年的《大学一解》中就提出，学生的自身修养非常重要，但却是大学生活中最缺乏的事情之一，其中一个重要的原因便是"无闲暇"，学生学业繁重，课程过多，但"仰观宇宙之大，俯察品物之盛，而自审其一人之生应有之地位，非有闲暇不为也。纵探历史之悠久，文教之累积，横索人我关系之复杂，社会问题之繁变，而思对此悠久与累积者宜如何承袭节取而有所发明，对复杂繁变者宜如何应付而知排解，非有闲暇不为也。"[116]

5.4.2 强调所有学科的共同基础

在压缩总学分的基础上，北大进一步提出，学校的课程体系必须面对新世纪，解决好"打好基础和拓宽知识面"、"知识的传授和能力的培养"、"基本理论素养和应用能力的培养"三个相互联系又相互矛盾的方面[117]，综合反映北京大学本科学生培养所要求的政治思想品德素质、身心素质、文化素质、业务素质等整体素质，从而培养北大学生正确做人的态度和交流表达的能力；积极求知的态度和主动学习的能力，分析问题和解决问题的能力。基于此，北大整个本科课程体系被分为三个层次[118]。

（1）全校公共课

大体上占总学分三分之一弱。具体包括：政治理论与品德教育系列、军事与体育系列、外语系列、数学与计算机系列、文化艺术系列（包括中国语文、历史（中国通史）、文科学生的自然科学基础（物理基础））、文理互选系列。这六个系列中有若干门课，可以是必修的，也可以让学生在几门课中选择。必修和选修学分的要求由各系、专业把握，但要列入教学计划中。不

---

115 《历史系面向 21 世纪教学内容和课程建设体系改革领导小组工作总结》（1998）[Z]，北京大学档案馆馆藏，档号：61219980593。

116 梅贻琦，〈大学一解〉[J]，《清华学报》，1941 年第 1 期，第 1-12 页。

117 王义道，《面向 21 世纪设计课程体系，改革教学内容》[A]，《高等教育面向 21 世纪教学内容和课程体系改革资料和经验汇编（1）》[C]，北京：高等教育出版社，1997 年。

118 《北京大学面向 21 世纪教学内容和课程体系改革经验汇编》（1998）[Z]，北京大学档案馆馆藏，档号：61219980593。

同于 20 世纪 80 年代末期对于理科学生数学、物理基础的强调和文科学生文史基础的强调，新的设想中中文、历史、物理、数学成为了所有学科的共同基础。

（2）学科大类或学院级课程

基于专业设置已经开始以学科为基础进行组织，北京大学在课程设置上进一步改变狭隘的专业教育观念，进行开放教学，通过一级学科的基础课（如生命科学学院的 8 门课，化学大类的 7 门课）帮助学生建立宽厚的基础。这类课设想大体占总学分的三分之一强。为了加强这些主干基础课教学的质量，从 1993 年起，北京大学还设立课程建设基金，每年资助 30-50 门主干基础课的建设[119]。可以说，学科大类或学院级课程的设置是对 20 世纪 80 年代就提出的"加强学科基础"的进一步落实。

（3）专业课及选修课

包括专业或系级必修课，分流方向的限选课、任选课，大体占三分之一学分。其中，专业或系级的必修课是指专业知识、理论、方法、技能、工具这类课[120]，分流方向的限制性选修课有两种形式：一种是提供专业或专业方向分流，如化学与分子工程学院提供了分析化学、有机化学、高分子、物理化学四个限选方向，每个方向开设不少于 8 学分的课程，学生选定一个方向并在这个方向中修得 8 学分的课程即可成为这个方向的毕业生。另一种分流方式则是按基本知识分类开设限选课，学生根据自身情况任意组合选修。如中文系中国文学专业共开出 42 门 84 学分课程，分布在中国文学、中国现代文学、中国当代文学、文艺理论、比较文学等几个方向，学生选修其中的 30 学分即可毕业[121]。

按照学校的设想，专业课（第三层次）和基础课（第一层次和第二层次）的比例可以定为 4：6 或 5：5[122]。对不同的专业，这一比例稍有不同。如理

---

119 《北京大学 1993 年教学改革计划》（1993）[Z]，北京大学档案馆馆藏，档号：30393032。

120 《21 世纪的中国高等教育追求什么样的教育质量》[A]，《探索新型综合大学——王义遒教育文选》[M]，武汉：华中科技大学出版社，2018 年，第 207 页。

121 卢晓东、刘雨，〈1993-1996：北京大学教学计划修订回顾〉[J]，《高等教育研究》，1998 年第 1 期，第 76-79 页。

122 《关于课程体系和教学内容改革的几点意见》[A]，王义遒，《谈学论教集》[C]，北京：北京大学出版社，1997 年，第 232 页。

科的地质，以物理、化学、生物为基础，因而属于本专业的课程自然会少些，基础学科专业的通用基础课会多些；而带有职业训练性质的应用类专业，其专业课比例多些[123]。从本科课程的三大层次我们不难发现，北京大学对于基础内涵的认识又进了一步：从上一阶段的"专业基础"＋"学科基础"＋"大类学科的共同基础（理科的物理数学基础和文科的文史基础）"发展到了"专业基础"＋"学科基础"＋"大类学科的共同基础"＋"所有学科的共同基础"（英语、计算机、中文、历史、数学、物理）"。

从 1996 年定稿的北大新一版教学计划的各专业培养目标中，我们能明显地看到上述三大层次课程的痕迹[124]——所有专业的培养要求首先强调学科层面乃至大理科、大文科层面的厚基础，这主要对应上述本科课程三大层次中的第一类公共课和第二类学院级的课程。其次，培养要求还强调要接受某一分支的初步训练，这对应着专业或系级的必修课和分流方向的限制性选修课，是学生进一步深造或者进入实际工作的必须。

不过，我们注意到，在实践过程中，只有英语和计算机这两门共同基础课在各个专业得到了切实加强（学校认为，英语和计算机是及时汲取当代世界科学技术成果的交流工具和基础，要花大力气保证。英语课由 12 学分提高到 14 学分，计算机正式成为全校必修课，其中文科设计算机应用基础和数据

123　《北京大学 1993 年教学改革研讨会上的主旨发言》[A]，《探索新型综合大学——王义遒教育文选》，武汉：华中科技大学出版社，2018 年，第 61 页。

124　注：以数学系、化学系和中文系为例（参考 1996 年北京大学教学计划）。
数学系培养要求：掌握数学科学的基础理论和基本知识，在基础数学、概论统计、计算数学、信息科学等的某一学科专业方向受到严格的科学训练，对数学科学某一分支的新发展或对数学科学应用的一方面有所了解，具有初步的从事数学科学研究能力或用数学方法解决实际问题的能力。具有熟练使用计算机的能力。掌握一门外国语，并能顺利地阅读本专业的外文书刊。既为进一步深造做好准备，也有向应用领域发展的基础。
化学系培养要求：掌握本专业所需的数学、物理学、计算机等相关学科的基本理论、基本知识和基本技能；熟练文献检索和其他获取科技信息的方法；系统地掌握化学专业（包括无机、分析、有机、物化、生化等分支）的基础理论和基本知识，掌握化学实验的基本方法和技能；受到科学研究的初步训练，知识面较广，有较好的适应性；具有一定的从事科学研究、教学工作的能力和解决实际问题的能力。
中国语言文学系培养要求：比较系统地掌握中国语言文学方面的基本知识、基本理论，既有较坚实的文史基础、较高的汉语阅读写作能力和一定的外语水平，又有适应现代社会发展所需要的较宽广的文化视野和不断获取新知识的能力，应具备较高的整体文化素养，成为德、智、体全面发展的跨世纪人才。

管理与数据库两门，共 6 学分，理科设计算概论、算法与数据结构、数字系统与微机原理三门，共 9 学分[125]）。鉴于师资力量不足以及有些院系对相关课程重要性的认识不足，这一时期学校希望能在所有院系普及的中国语文课、高等数学课、中国通史课和基础物理课，最终没能实现。以文科高等数学为例，从 1993 年开始，北京大学在前期给经济管理类专业开设高等数学课的基础上，陆续给中文、历史、考古、国政等专业学生开设高等数学作为专业选修课。1996 年起，学校还开始计划给语言类专业开设高等数学课作为任意选修课。按照学校的设想，这样一来，加上已经开设十余年的经管类高等数学课，北大就将具有不同类型、不同层次、不同要求的全校性的高等数学课了。然而，高等数学课在文科院系的推广遇到了很大的阻力，很多院系仍抱有"基础课要为专业课服务"的固有思维，认为学起来十分吃力的高等数学课未能与本专业特点进行结合，不能产生实际效用。如哲学系认为，高等数学课设置的初衷是培养学生思维能力，跟上科学哲学的发展，但由于高等数学课由数学系老师开设，无法凸显数学中的哲学问题，最终高等数学课成了计算能力的训练，未能达到预期的效果[126]。于是，在全校各院系各专业全面缩减学分的情况下，文科首先被砍下来的就是高等数学课——有些院系将数学课由一学年压缩到一学期，有些院系就干脆取消了对高等数学课的要求[127]。中文、历史、物理课也因面临和高等数学一样的问题，未能在全校专业中推广开设。

5.4.3 建设文化素质教育选修课

5.4.3.1 素质教育选修课的设想

1993 年启动新一轮改革之后，北京大学就按照自身对于素质的理解启动了素质教育相关课程的建设。随着 1995 年北京大学被纳入国家首批文化素质教育试点高校，1996 年起，学校更是明确把加强大学生文化素质教育作为学校的重点工作内容之一，并专门发布了《北京大学关于加强文化素质教育的意见》。《意见》指出：要培养出大批具有坚定正确的政治方向，深厚的科学

---

125 卢晓东、刘雨，〈1993-1996：北京大学教学计划修订回顾〉[J]，《高等教育研究》，1998 年第 1 期，第 76-79 页。

126 《哲学系九四级第一学期学习情况分析》（1995）[Z]，北京大学档案馆馆藏，档号：30395039。

127 《数学学院关于"面向 21 世纪教学内容和课程体系改革"的思路与措施》（1998）[Z]，北京大学档案馆馆藏，档号：61219980593。

文化素养和专业技能，健全的体魄和心理素质的人才，就要求我们把培养学生如何做人和如何做事两个方面紧密结合起来，并且把如何做人放在第一位，如果只着眼于才能的增加而忽视人格的培养，其结果不过是生产一种实施的工具或载体，而不能造就德智体全面发展的真正健全的人才。文化素质教育，着眼于树立志向，培养品格、陶冶性情，它是专业教育的基础、依托和动力，没有好的文化素质教育，不可能有好的专业教育，同样，没有深厚的文化素养也不能成就为优秀的专业人才。[128]

根据学校的设想，北大以文化素质教育为切入口的全面素质教育包括如下课程模块[129]：

（1）**通识教育课**[130]。包括马克思主义政治理论课、思想品德课以及国防教育、体育、外语、计算机等必修课程，以及文理交叉选修课、艺术类选修课等选修课程。

（2）**任意选修课**。学生可根据自己的情况灵活地选修加强修养或拓宽知识面的课程。这能帮助学生了解其他学科特殊的研究和思维方法，从而避免学科之间的互相轻视和排斥，使得不同学科的人可以互相沟通和合作，促进科学的跨文化交流和进步。

（3）**中文、数学**。这两门是工具课，其中中国语文被认为是提升学生交流表达能力的重要手段；高等数学则不仅能为学生后续课程的学习和将来从

---

128 《北京大学关于加强大学生文化素质教育的意见》（1996）[Z]，北京大学档案馆馆藏，档号：30396046。

129 王义道、金顶兵，〈文化素质教育问题几个问题的再探讨〉[J]，《高等理科教育》，1997 年第 11 期，第 1-7 页。

130 在 1994 发布的《北京大学改革与发展纲要》中我们看到了这样的表述：（本科教学要）"切实加强通识教育，建立全校性通识教育课程体系，低年级按相近专业或系进行宽口径的基础教育，选聘学术水平高，教学经验丰富的教授、副教授主持基础课教学。努力办好文科和理科'基础科学研究与教学人才'培养基地及综合基础试验班。高年级要根据学生的志趣、特点、学习状况和工作趋向分流培养。努力探索应用学科的实际工作能力的培养，加强各类学生的计算机与外语能力的训练。鼓励文、理科学生互选或跨系科专业选修课程，增强学生对人才市场需求的适应性和灵活性。"这是北京大学首次在官方文件中出现"通识教育"的表述。虽然在这之后到百年校庆之前的北大官方文件中，我们没有再找到任何有关"通识教育"内涵的阐释，更没有"通识教育"切实开展的措施，但在北京大学对素质教育课程体系的设想中，我们看到了"通识教育课"的表述，它是作为素质教育的一种实现形式存在的。可见，在当时的概念体系下，通识教育的内涵和外延都小于素质教育。

事理论或实际工作奠定基础，而且对培养学生的抽象思维与逻辑推理能力、空间想象能力、运算能力以及解决实际问题的能力，都有极其重要的作用。

（4）**历史、物理**。历史和物理是世界观和方法论，是思维训练的手段。其中，物理是研究最简单的物质世界运动规律的科学，在所有高级活动中都包含了最简单的事物运动变化的规律，因此，掌握分析物质世界最简单的运动变化的方法是一种重要的思维训练，是学习一切自然科学的基础。而历史是研究最高级、最复杂的动物——人的集体变化、发展规律的科学。学习历史是分析掌握社会发展变化的入门课。

不难发现，北大对文化素质教育课的设想远远超出了国家所提倡的文化素质教育的内涵，它囊括了上述三大层次课程中第一层次公共必修课的六大部分、以及第三层次中的任意选修课部分。

5.4.3.2 文化素质教育选修课的实际建设

设想虽然十分完备，但在实践层面，中文、数学、历史、物理等四门共同基础课程未能真正开设起来，学校这一时期重点建设的素质教育类课程仍主要集中在"文理互选"、"艺术类课程"方面。好在由于国家和学校对于文化素质教育的重视，这些课程的开设质量还是有所保证的。

（1）侧重中华传统文化的文理互选课

1994 年，一改之前由教师自己申报全校公开课的传统，由学校授意、哲学系有意识地动员和组织了 9 门全校公共课，其中 6 门是中国传统哲学和文化方面的课程，另外 3 门是应用哲学和西方哲学方面的课程，全部由知名教授、博士生导师讲授（详见表 5-5）。

表 5-5　哲学系开设的全校公共课列表[131]

课程名称	授课教师	课程名称	授课教师
易学	朱伯崑	新儒家哲学研究	王守常
中国传统哲学的现代意义	汤一介	西方哲学史	赵敦华
中国美学和中国艺术	叶朗	管理哲学	杨武栓
老庄哲学	陈鼓应	艺术与生活	美学教研室
东西方军事哲学比较研究	张文儒		

---

131 《哲学系、法律系、信管系教学研讨会交流材料》（1994）[Z]，北京大学档案馆馆藏，档号：30394036。

按学校教务处原定计划，这九门课选课人数总共为 150 人，但事实上，仅"中国美学与中国艺术"这一门课选课人数就达到 800 人，"艺术与生活"、"老庄哲学"选课人数达到近 600 人，其他几门课程选课人数也都超过了 100 人。虽然教务处将能容纳 150 的教室改为 300 人的大教室，却仍然挤得水泄不通。晚上 7 点的课，下午 3 点多就已经有许多学生等在教室外面，到 4 点钟教室里一下课，大批学生就涌进去。到了 5 点钟，教室的座位就已经占完132。

除了由学校授意哲学系组织设立了上述高水平的公共选修课之外，这一时期教务部门还统筹全校的力量，在 1996-1997 年秋季开出了针对理科生的选修课《中国通史》、《世界通史》（另计划开设《中国哲学简史》、《中国文学简史》等，并列入理科专业教学计划）。不难发现，上述课程十分偏重中国传统文化，体现了北大对于国家层面推行文化素质教育诉求的回应。

（2）针对文科学生的理科概论课

学校也十分重视针对文科生的科学文化素质教育，试图通过理科概论课让文科学生了解科学发展的最新动态，以此受到科学思维的训练。1995-1996 学年第一学期，《化学与人类社会》公共选修课开始为文科学生开设，后续如《自然科学史概论》、《环境学基础》、《普通统计学》、《人类生物学》、《现代生物学概论》、《近代物理导论》等课程都扩大为面向文科学生的限选或必修课133。不过，我们看到，这些课程大多还停留在"概论"的泛泛而谈上，它并不能给人一个完整的科学的训练134。

（3）大型讲座：自然科学选讲和人文科学专题选讲

除了传统意义上的以某一具体学科为依托的课程设置外，这一时期学校还开始尝试新的文化素质课程形式，即由教务处统筹全校力量建设大规模的涉及多种学科多个主题的公共选修课程及讲座。1993 年-1995 年学校开出了自然科学选讲（不计学分），1996 年又开出了人文科学专题选讲。虽然北京大学的课外讲座多得不可胜数，但由教务处来组织讲座，还是第一

---

132 《哲学系、法律系、信管系教学研讨会交流材料》（1994）[Z]，北京大学档案馆馆藏，档号：30394036。

133 《关于加强大学生文化素质教育工作汇报》（1996）[Z]，北京大学档案馆馆藏，档号：30396046。

134 《关于课程体系和教学内容改革的几点意见》[A]，王义道，《谈学论教集》[C]，北京：北京大学出版社，1997 年，第 232 页。

次[135]。当时一些人提出针对社会的关注热点比如经济发展、股票运作等问题来讲更容易有好效果，但是学校并未采纳，还是坚持以拓宽学生在专业以外的知识面，使文科学生了解一些自然科学和当代技术，使理科学生更多地了解一些人文社会科学，以适应未来社会需要的理念设计讲座的构成[136]。

表 5-6　自然科学专题选讲讲题和主讲人[137]

讲　题	讲课人
绳圈的数学	江伯驹
《保险精算学》——数学应用的新领域	吴岚、杨静平
编钟、龙洗、"透光"镜——中国古代文物中的科学与艺术	王大钧
漫画周期运动——天体的运行和乐器的发声	武际可
大爆炸宇宙学	俞允强
奇妙的介观物理世界	阎守胜
光信息技术	刘弘度
从牛顿到曼德布罗特——谈谈确定论和随机论	刘式达
宇宙分子和天体演化——分子天体物理学进展介绍	李守中
没有规矩，不能成方圆——当代计量学介绍	王义遒
有机化学和诺贝尔奖	张滂
生命起源中的一个未接开的难题——生物分子属性的起源	王文清、张永波
分子生物学研究进展	朱玉贤
关于生物体内的化学元素图谱	唐任寰
地球生物圈的形成与演化	张昀
脑科学与创造性思维	傅世侠
矿产与人类社会	冯钟燕
从北京城的规划建设看传统文化的继承与发展	侯仁之
从古岩溶地貌看青藏高原的形成与环境演化	崔之久、高全洲
南极的冰川和环境	刘耕年

在学校看来，这些讲座"不仅具有创新性、探索性、多元性、民主性……还注重互动交流，避免单向灌输；不是为了给学生提供现成的答案，而是为了启发学生思考问题，不是希望学生简单认同，而是为了使学生从多角度观

---

135 《自然科学专题讲座》[M]，北京：北京大学出版社，1997 年，第 3 页。
136 来源于访谈者 A-3，访谈时间：2018-10-25。
137 《自然科学专题讲座》[M]，北京：北京大学出版社，1997 年，第 4 页。

察世界；是存心要营造一种多元文化交织的环境，让学生开阔学术视野，接触前沿知识，学会筛选，学会吸收，学会拒绝，学会抵御，鼓励独立思考，启发创新思维，增强免疫能力[138]”。学生对自然科学专题选讲的反馈也很好。专题选讲在北大一共办了三期，累计听众接近三万人次。学生中甚至流行一种不成文的潜规则，“课堂教学可以不去，但精彩讲座不能不听”[139]。

遗憾的是，由于上述讲座主讲人都是各方名家，时间很难协调，北京大学的自然科学专题选讲只办了 3 期就戛然而止了。以同样形式从 1996 年开始举办的人文社会科学专题选讲则只办了一期便草草收尾了（自然科学专题选讲的讲义得以留存，还出版了《自然科学专题讲座》一书，人文社会科学专题选讲的讲义则直接被丢弃不知所踪，所以仅存一期的人文社会科学专题选讲究竟涉及哪些主题和主讲人，现在已经无法确切地知道了[140]）。

（4）名著名篇导读

除了上述课程和讲座之外，1996 年学校教务部门还统筹开设了面向全校（侧重理科）的公共选修课《名著名篇导读》。该课程选取在思想、文化、科学发展史上具有里程碑意义，代表着某个国家、某个民族、某一时期、某种进步思潮的、有着深远影响的著述，聘请学术造诣深、讲课效果好、在此领域有专长的教授授课。可以说这门课是名副其实的“名师讲名著”课程。学校希望通过导读课“启发学生攻读名著的兴趣和愿望，从而跨越时间、空间和古今中外在人类思想、文化发展历程中做过重大贡献、建立过不朽业绩的巨人们进行思想的交流、心灵的对话，以得到深刻的启示”[141]。不同于上文所述的专题讲座，名著名篇导读课程有期中考查和期末考试，记 4 学分。

表 5-7　名著名篇导读讲题及讲课人[142]

讲　题	讲课人
《周易》导读	朱伯崑
《道德经》导读	汤一介

---

138 任彦申，《从清华园到未名湖》[M]，南京：江苏人民出版社，2007 年，第 86 页。
139 任彦申，《从清华园到未名湖》[M]，南京：江苏人民出版社，2007 年，第 86 页。
140 来源于访谈者 A-3，访谈时间：2018-10-25。
141 杨承运、林建初编，《智慧的感悟——北京大学名著名篇导读》[M]，北京：华夏出版社，1998 年，第 2 页。
142 杨承运，《燕园学思》[M]，北京：高等教育出版社，2013 年，第 34 页。

讲　题	讲课人
《四书》导读	陈来
《孙子兵法》——古今中外及其他	李零
《孙子兵法》——精粹和哲学智慧	张文儒
《共产党宣言》导读	李士坤
《史记》导读	祝总斌
《诗经》导读	褚斌杰
刘勰及其《文心雕龙》	张少康
《西洲曲》和《木兰诗》解析	吴小如
《牡丹亭》解析	吴小如
《沙恭达罗》	季羡林
海涅和他的诗	张玉书
《战争与和平》	李明滨
塞万提斯与《唐吉柯德》	沈石岩
《物种起源》——自然科学的独立宣言	张昀
魏格纳《海陆的起源》及板块构造学说	何国琦

　　《名著名篇导读》从 1996 年起，共开设了三期，通常每课听众 400-900 人。其中文科和语言类选课学生占 45%，理科选课学生占 55%。选课原因的调研显示：兴趣爱好、社会对人才素养的要求、个人自我设计的需要成为学生选课最重要的原因，而学分需要则排在最后一位[143]。可见，北大学生选择名著名篇导读的动机还是积极健康向上的。

　　（5）讨论班

　　讨论班的形式在这一时期的文化素质教育课程中也出现了。由哲学系牵头，北大开设了《现代科学与马克思主义认识论》讨论班。该讨论班组织人文社会科学和自然科学前沿的专题讨论，如赵凯华的"定性与定量问题"、甘子钊的"宏观量子现象与介观物理"、唐孝炎的"关于酸雨问题"、吴望一的"生物力学研究的若干进展"等[144]。不难发现，专题讨论的报告人都是学有专攻并有成就的专家，作为试点，《现代科学与马克思主义认识论》讨论班累

---

143 杨承运、林建初编，《智慧的感悟——北京大学名著名篇导读》[M]，北京：华夏出版社.1998 年，第 462 页。

144 《发挥综合大学优势，加强文化素质教育——北大加强大学生文化素质教育工作汇报》（1996）[Z]，北京大学档案馆馆藏，档号：30396046(07)。

计组织专题讨论 150 余次，但鉴于和上文同样的原因，讨论班的经验也未能在全校范围内予以扩大推广。

　　此外，为提高广大学生的管理意识和经济思想的素养，北京大学还计划在 1996-1997 组织经济学院和光华管理学院的专家开设《管理学概论》和《经济学基础》等较大规模的公共选修课。然而，由于在市场经济环境下，学校提供的课时津贴远低于经济学院和光华管理学院教师在本院系上课的课酬，开设这类经济管理类课程的愿望未能实现[145]。

　　在 1996 年关于加强大学生文化素质教育的工作汇报中，北京大学这样总结文化素质教育的成果："北大的文化素质教育内容涵盖了我国历史和传统文化教育、美育、人格品德培养和科学文化素质教育四个方面，在调动学生的学习兴趣，拓宽知识面，改变畸形的知识结构、提高学生的道德情操，树立正确的人生观等方面都取得了很好的效果。"[146]这段表述印证了前文研究者的判断，即北大在文化素质教育课程的实际建设过程中，并未实现自己对于素质教育包括"通识课程、任意选修课、共同基础课（中文、历史、数学、物理）等多个模块"的设想，尤其是最为关键的有关所有学科共同基础的课程设想完全没有实现，这导致北大的文化素质教育课程无法成为"专业教育的基础、依托和动力"[147]。不过，我们也应看到，作为北京大学自主探索新世纪人才培养道路上极具价值和影响深远的尝试，文化素质教育被看作是提高教学质量、改革人才培养模式的一个重要思路、重要突破口和切入点。这种地位的提升使得相比 20 世纪 80 年代由教师自主申报的文理互选、艺术类课程，文化素质教育相关课程能够更多地争取学校投入，更好地聚集全校优质资源，保证较高的教学质量。

　　这一时期文化素质教育课程的模式，事实上已经涵盖了美国通识教育的几种常见课程模式。如，学校开设的旨在提升文科学生科学文化素质的一系列理科课程，类似于分布必修型通识课程。这类课程按照学科设课，目的在于让学生掌握某一学科的较为系统的入门性知识。它不需要改变学校的组织结构，是最容易实现的一种课程形式。而面向全体学生的通史类课程设置则

---

145 来源于访谈者 A-2，访谈时间：2018-07-16。

146 《发挥综合大学优势，加强文化素质教育——北大加强大学生文化素质教育工作汇报》（1996）[Z]，北京大学档案馆馆藏，档号：30396046(07)。

147 《北京大学关于加强大学生文化素质教育的意见》（1996）[Z]，北京大学档案馆馆藏，档号：30396046。

类似于核心课程型通识课程，它的目的是向所有学生提供共同的知识背景（这类课程对教师的要求很高，从实践情况看，北京大学并未能坚持这一课程设置）。此外，这一时期开设的名著名篇导读则有着名著课程型通识课程的特征。这一类课程设置的出发点是：名著是历史上伟大人物对涉及到人类生活的最基本、最重要问题的讨论，包含着最高智慧和理性，具有永恒的价值，所以名著教学能够给予学生最好的教育。然而，在"名著"的定义和讲授名著的老师选择上，这类课程都面临着极大的困难，这也导致北大名著名篇导读课程只开设 3 期就戛然而止了[148]。2000 年之后，上述已经涵盖了通识教育常见课程模式的、主要由文理互选、艺术类课程构成的文化素质课成为了北京大学通识教育改革中通识教育选修课的重要课程来源。由于高达 16 学分的通选课缺失了"所有学科共同基础"的课程设置，因此不仅无法成为专业教育的基础，还极大地冲击了专业教育，从而引发了通识教育改革的危机。

5.4.4 文理科试验班的探索

5.4.4.1 文理试验班的历史渊源

1985 年，根据[1985]教计字 018 号文件《同意北京大学等 12 所院校举办少年班》的规定，北京大学和南京大学等 12 所高校开始招收少年班，以更快地为国家培养优秀人才。北京大学认为，不能给少年班大学生"分灶吃饭"的特殊优待，应使他们和普通大学生一起成长，让他们通过自己的比较优势和顽强意志，切磋琢磨、攻坚克难，在自由选择的制度安排中得以比一般同学早成才，学的多，学得好，从而提前毕业，提前考研，提前取得双学位，成为优秀杰出的人才。因此，北京大学对入校少年班学生只集中 12 周进行高中知识的补习，而后就根据学生志愿将其分配到具体各系与普通大学生一起学习[149]。同样招收少年班的南京大学则有着完全不同的做法。南京大学先将少年大学生集中在少年部进行为期两年不分文理和专业的学习，第三年才开始确定专业，将其分流到具体专业学习。

1989 年，南京大学在少年部基础上成立强化部，分别招收理科班和文科

---

148 注：2010 年开始建设的通识教育核心课程（如《四书》精读、《资本论》选读）实际上就是 20 世纪 90 年代名著名篇导读课程探索的延续。

149 王义遒，《行行重行行——王义遒口述史》[M]，武汉：华中科技大学出版社，2019 年，第 227 页。

班，希望打造"以重点学科为依托，按学科群打基础，以一级学科方向分流，贯通本科和研究生教育"的大理科培养模式和"多次选择，逐步到位"的学科分流机制[150]。由于强化班的探索恰好符合国家对于 21 世纪宽基础复合型人才的需求，1993 年，南京大学基础学科教学强化部成为国家理科基础人才培养基地唯一的"多学科综合点"（大理科试验班）。这种国家层面的认可给了北大很大的冲击，因为事实上，北大也已经认识到学科的交叉渗透对人才广博而扎实的基础、多学科融会贯通能力的要求，并开始了加强理科学生的数理基础和文科学生的文史基础，帮助学生建立广博基础的尝试。只是，由于传统观念的束缚，以及教师知识结构的不合理，这种探索效果并不理想。上文已经提到，许多课程由于师资力量不足而无法面向全校学生开设。在这种情况下，北大决定，学习南京大学，先选择一批学习成绩突出的学生举办文理科试验班，集中少数优质师资，采取更为激进的"大文科"、"大理科"制度，文史哲、数理化不分专业，分别强化其数理化和文史哲基础训练，培养优秀的科学素质，为将来成为在其学科领域具有开拓性成就的人才打好基础[151]。应该说，文理科试验班的尝试是探索培养交叉学科人才、大师级杰出人才的可行短期策略。

5.4.4.2 理学试验班的实践

1993 年秋季学期，由入学新生自愿报名，理科各院系限额择优录取，北大理学试验班正式开始招生（这批学生并非是成绩最好的，获当年奥赛一等奖的 33 人，进入试验班的仅为 6 人[152]。试验班规模一直控制在 130 人上下）。理学试验班的直接目标是提供高质量的研究生生源，长远目标是培养和造就高水平的基础学科教学和科学研究人才[153]。我们从首届理科试验班学生结业典礼上学生代表的发言能直观的感受到当时理学试验班的定位："但愿有朝一日，理科试验班同学的聚会，成为世界著名科学家的聚会，在诺贝尔获

---

150 《南京大学匡亚明学院大事记》[EB/OL]，https://dii.nju.edu.cn/af/4f/c8268a175951/page.htm. 2018-11-25。

151 王义道、羌笛、卢晓东，〈关于开展和加强跨学科研究和教学〉[J]，《高等理科教育》，1995 年第 3 期，第 1-10 页。

152 王义道，《行行重行行——王义道口述史》[M]，武汉：华中科技大学出版社，2019 年，第 234 页。

153 《北京大学理科试验班优秀生论文集》（1997）[Z]，北京大学档案馆馆藏，档号：61219970663。

奖者名单中，可以见到北京大学理科试验班同学的名字。[154]"

修读理学试验班计划的学生学籍仍保留在原院系。试验班实行导师制，每个学生的教学计划书都要在导师的指导下制定，所修课程分"专设课"和"认定课"两类课程。其中，专设课是试验班专门开设的课程，对所有学生强化数理基础训练，同时让他们对当前理科，包括化学、生命科学、地球与天体科学的相关学科前沿研究有相当的了解（理学试验班专设课程安排参考表详见表5-8）；认定课是学生所在系一、二年级主要的必修专业基础课[155]。对于专设课，尤其是数理专设课，要求"内容较广、程度较深"[156]，非物理、数学相关专业的学生也要修读至少B类难度的课程[157]。对于专设课，由于各系要求试验班学生要以比普通班学生更短的学时数完成他们的课程，因此讲解比较精炼，主要在于讲清概念、观点和方法。此外，理学试验班的学生还被要求适当选读一些文科课程，以便做到文理交融。

表5-8 理学试验班专设课程安排参考表[158]

课程名称	学　分	课程名称	学　分
高等数学（B）（一）	5	普通物理学（B）（二）	4
高等数学（B）（二）	5	计算概论	4
高等数学（B）（三）	5	数字系统与微机原理	3
线性代数（B）	4	大学化学及实验	5
算法与数据结构	3	现代生物学概论	4
普通物理学（B）（一）	4	普通地质学	3
合计			49

为了使理学试验班学生成为各学科基础宽厚、视野开阔、具有初步科研工作能力和开拓能力的人才，理学试验班还开辟各种渠道帮助学生提前参与

---

154 《北京大学理科试验班优秀生论文集》（1997）[Z]，北京大学档案馆馆藏，档号：61219970663。

155 《北京大学本科教学计划》（1998）[Z]，北京大学档案馆馆藏，档号：61219980566。

156 《关于我校实施〈理学试验班计划〉的科学总结》（1996）[Z]，北京大学档案馆馆藏，档号：3031996157。

157 注：数学、物理课程根据内容和难易程度分为ABCD四类，数学物理专业学生修读A类，其他专业学生至少修读B类课程，鼓励修读A类课程。

158 《关于我校实施〈理学试验班计划〉的科学总结》（1996）[Z]，北京大学档案馆馆藏，档号：3031996157。

科学研究[159]：如化学学院主动提供条件，使试验班的学生在低年级就能接触到老师或研究生的科研课题[160]；试验班学生可以申请由中科院设立的"攀登奖学金"，获奖学生有机会在中科院老师的指导下，初步了解科学研究的情况，并参加力所能及的科研工作[161]；试验班结业时，学生如要争取"优秀生"的称号，必须提交科研论文（1994 级理学试验班优秀论文列表见表 5-9），甚至有学生的论文还在国际科技期刊上正式发表[162]。

表 5-9　1994 级理学试验班优秀论文列表[163]

题　目	导　师
一般自旋系统在含时磁场中的量子相位	李伯臧研究员（中科院）
高于振荡势的束缚态的模型计算	曾谨言教授
光学斑图形成的一个简单模型	张洪钧研究员（中科院）
嵌埋 Ge 团簇的制备及可见发光	卢希庭教授
温控 PID 参数整定一种方案	徐安士教授
中国教育电视台燎原学校 VIBI 编辑系统设计与改进设想	王志军教授
一个面向对象的销售跟踪管理系统的实现	吴良芝教授
对组装到金表面自组装膜上的硫化镉纳米粒子的荧光光谱和微区电流-电压特性的研究	刘忠范教授
锰氧簇分子磁性材料研究进展极其设计合成探索	章士伟教授

159 汪厚基、宋映泉，〈北京大学的理学试验班〉[J]，《现代特殊教育》，1996 年第 12 期，第 40-41 页。

160 《理科试验班教学指导小组会议纪要》（1999）[Z]，北京大学档案馆馆藏，档号：61219990733。

161 注：攀登奖学金由中科院捐资设立，旨在支持北京大学理科基础教学，并吸引北京大学优秀毕业生到中科院攻读学位。北大理学试验班二年级学生可申请该奖金。中科院负责为获奖学生确定指导教师，导师要关心学生的全面成长，定期指导学生学习，培养学生对科研的兴趣和帮助学生初步了解科学研究工作的情况。指导教师也要以座谈、讲演、提供参观实验室等方式，关心全体试验班学生的成长。获奖学生应主动争取导师指导，尤其是三四年级，要到导师实验室做一定时间的力所能及的工作，初步了解和学习科研工作。鼓励试验班学生毕业时报考中科院研究生。（参见《北京大学、中国科学院关于设立攀登奖学金的协议书》[Z]，1994 年）

162 来源于访谈者 A-1，访谈时间：2020-03-06。

163 《试验班历届优秀生及导师名单》（2004）[Z]，北京大学档案馆馆藏，档号：1GL6122004-4090。

题　目	导　师
一种用于形成固定支撑双层膜的电极制备及特征	赵新生教授
多肽合成中组氨酸的侧链保护	李崇熙教授
白细胞介素 12 简介	／
微小孔衍射	／
相分离：理论与实践	赵伯儒教授
Windows sockets 在网络通信中的应用	王志军副教授
多媒体 CAI 课件与超媒体技术	陈向群教授
抗体酶	毕群教授

5.4.4.3 文科试验班的实践

在理学试验班先行试点的基础上，1994 年，北大开始尝试举办文科综合试验班（招生规模在 30 人左右）。文科试验班仅由中文系、历史系、哲学系三个系进行组织。不同于理学试验班从入学各系新生中选拔学生的策略，文科试验班主要由上述三系组成联合招生组到指定省市提前招收文科成绩优异、有志于文科基础学科研究、素质好、智力高的学生[164]。文科试验班的直接目标是，在本科低年级阶段，培养德智体全面发展的、知识面宽、基础扎实、有志于文史哲基础学科研究的学生，为三系本科各专业输送高质量的高年级学生，为全校各系输送高质量的研究生做准备[165]；长期目标在于培养 21 世纪的学术带头人和骨干，努力造就一批学贯中西、博古通今的文科研究和教学人才[166]。鉴于文科试验班的这一定位，它被看作最早的"国学班"的雏形。

---

164 注：由于奥赛保送生源的保证和部分高分学生对基础理科出国容易的想象，基础理科生源相比基础文科生源要好一些，因此理学试验班能从入学新生中筛选出优秀学生；相比之下，文科高分考生几乎全部集中在经管类专业，通过高考入学的基础学科学生质量相对较弱，因此文科实验班只能通过提前选拔的形式进行招生。由于提前选拔学生的质量参差不齐，1997 年起，文科试验班 30 人的招生数字中只保留 10 个保送名额，另外 20 个名额由文史哲三系学生自愿报名，择优录取（参见《关于进一步办好文科综合试验班的几点意见》（1996）[Z]，北京大学档案馆馆藏，档号：6122000-1203）。

165 注：文科试验班甚至规定，凡结业学生本人申请报考研究生的，原则上都应获得推荐免试攻读硕士学位研究生的资格（参见《关于文科综合试验班结业学生推荐免试进入研究生计划的几点意见》（1996）[Z]，北京大学档案馆馆藏，档号：6122000-1203）。

166 《北京大学文科试验班条例》（1993）[A]，王义遒、孙桂玉、王文清，《文理基础学科的人才培养》[M]，北京：北京大学出版社，2005 年，第 225 页。

文科试验班学制两年，实行单独的教学计划，单独上课。这两年当中，试验班归系管理，文史哲每系负责一届，轮流运作。试验班期满之后，保送进入的学生可根据个人志愿在文史哲三系中选择专业。文科试验班课程包括公共必修课、文科基础必修课和选修课三类，其中公共必修课包括全校性政治理论、英语、计算机和体育课；文科基础必修课则是三个系的主干课程以及为加强文科基础知识和基本技能设计的课程（主干课程不同于普通班学生被动地在课堂中接受教师的"灌输"，试验班学生要在教师指导下大量阅读中外经典名著来通晓课程主体的知识内容；加强文科基础知识和基本技能设计的课程主要是指古代汉语和一两门外国语，这被认为是文科学生的基本技能）。在 1993 年为文科实验班提前制定的教学计划中，两年的学分要求达到了 138-140 个[167]，这主要是由于每个系都维护自己系的课，最后导致文科基础必修课变成了一组"大拼盘"。由于两年内修读 140 个学分的负担太重，到 1998 年，这个学分要求被压缩到了 86 个必修学分加 16 个通选学分，如下表所示。不难发现，即便学分进行了压缩，修订后的课程要求仍然是文史哲三系基础课的"大拼盘"，这遭到了反对文科试验班相关人士的诟病，他们认为，大拼盘导致文科试验班课程"没有特色，整体性、系统性不强"[168]。

表 5-10 文科综合试验班教学计划[169]

课程名称	学 分	课程名称	学 分
公共必修课（30）		历史系课程（16）	
中国社会主义建设	2	中国古代史	6
资本主义经济概论	2	中国近代史	2
外语	14	中国现代史	2
体育	4	世界上古、中古史	2
计算机基础与应用	6	世界近代史	2
军事理论	2	世界现代史	2
中文系课程（24）		哲学系课程（16）	

---

167 《北京大学文科班综合试验班课程计划》（1993）[Z]，北京大学档案馆馆藏，档号：30393079。

168 《试验班会议纪要》（1996）[Z]，北京大学档案馆馆藏，档号：6122000-1203。

169 《面向 21 世纪教学内容和课程体系改革经验汇编》（1998）[Z]，北京大学档案馆馆藏，档号：30319980593。

课程名称	学 分	课程名称	学 分
中国古代文学史	8	马克思主义哲学原理	3
中国当代文学	2	中国哲学史	4
中国现代文学	2	西方哲学史	4
古代汉语	8	逻辑学导论	3
现代汉语	4	哲学概论	2
总计			86

注：高等数学是选修课，建议选修；另配 16 学分通选课学分。

和理学试验班一样，文科试验班也有评选优秀论文和优秀学生的制度，表 5-11 列出了 1994 级文科试验班的优秀论文。不难发现，无论文理科试验班，都鼓励学生提前参与科研，并有专门的导师提供研究指导。

表 5-11　1994 级文科实验班优秀论文列表[170]

题　名	导　师
萤火与荒原——从《致萤火》与《荒原》的比较谈戴望舒接受 Elit 影响的得失及《荒》本身的复杂性	吴晓东
现代汉语口语中名词、形容词、动词句法功能考察	郭锐
汉乐府曲《箜篌引》小考	倪其心教授
大海的沉思——《老人与海》和《迷人的海》的叙事技巧对主题意蕴的昭示	王守根
"风"、"乐"小析	张祥龙教授、王博副教授、王守常教授
《误会》中的时空状态问题	王岳川教授

5.4.4.4 文理试验班的"失败"

由于当时北大的上课教室已经饱和，在排课上不可能照顾到试验班的少数学生，试验班学生必须在课程冲突时自己权衡去上哪一门，而哪一门选择自学。北大认为，这种选择过程本身就是一种磨练，能够让学生展现和挖掘出自身的潜能。然而，事实上，由于课程较多，负担较重，试验班学生普遍感到自学时间不够，独立思考不足。此外，由于理科试验班没有单独的班级建

---

170 《试验班历届优秀生及导师名单》（2004）[Z]，北京大学档案馆馆藏，档号：1GL6122004-4090。

制，学生学籍仍然归属于具体的系，因此学生普遍缺乏归属感。文科试验班虽然在两年学制中集中进行管理，但由于缺乏实体院系的支持，管理起来也存在诸多困难。

鉴于上述问题和困难，退出文理科试验班的学生越来越多（以理学试验班为例，1993、1994、1995 年分别退出 9 人、16 人和 18 人[171]），教师和管理人员的抱怨也越来越多。1999 年，随着主导和支持文理课试验班改革的一批领导者、热心教师的退休，这场试验也随之终止了。2001 年，北大通识教育改革全面铺开，以实施通识教育为旗帜的元培计划出现了。在北大官方的表述中，元培计划是对前期文理科试验班的改造。然而，在文理课试验班的倡导者和实践者看来，元培计划虽然组织形式与文理试验班很相似，如学生编制不属于原本院系，低年级不分专业进行培养[172]等，但其人才培养理念和文理科试验班完全不同。试验班是中国高等教育本体化的尝试，目的是培养拔尖创新的科研人才。由于这类人才不是培养出来的，而是在掌握了扎实的基础之上"冒出来"的，因此文理课试验班的核心是严格打下文科的文史哲基础和理科的数理化基础，并提供尽可能多的科研训练机会，以帮助学生增加今后在竞争中自己"冒出来"的可能性。相比之下，元培计划则是学习美国研究型大学的产物，它把本科教育定位为整个高等教育的基础阶段，实行低年级通识教育和高年级宽口径专业教育相结合的培养模式。在这个模式框架内，探索自由选课学分制、导师全程指导制、弹性学制、教学资源许可条件下的自由选择专业制度[173]，并为建设本科"文理学院"做准备才是元培计划的根本目的。2005 年对元培计划学生的问卷调查结果显示，学生选择元培计划实验班的首要原因是"希望在对专业有更好的了解后再选专业"[174]，这与理学试验班学生成为诺贝尔奖获得者、文科试验班学生成为国学大师的初衷

---

171 王义道，《行行重行行——王义道口述史》[M]，武汉：华中科技大学出版社，2019年，第 235 页。

172 注：在低年级，元培计划学生要修读全校公共课（英语、政治、体育、计算机）、通选课（数学与自然科学、社会科学、哲学与心理学、历史学、语言学文学与艺术共 5 个领域）、基础课（理科：高等数学、物理学、化学和生物学；文科：高等数学、人文和社会科学）。

173 陈来、舒炜，〈北京大学"元培计划"实验的回顾与分析〉[J]，《开放时代》，2006年第 3 期，第 147-158 页。

174 《元培计划实验班情况总结》（2005）[Z]，北京大学档案馆馆藏，档号：1GL0462005-0002。

有着天壤之别。在课程设置上，元培计划抛弃了文理试验班采取的"固定拼盘"方式，转而采取"自助餐式"的自由选修制度。与此密切相关的，元培计划聘请的导师主要"通过讲座、座谈、咨询答疑等多种形式介绍各个学科特点，为学生选择专业提供指导"[175]。而文理试验班的导师则不仅要为学生日常学习和生活提供帮助，更为重要的是，要为学生提供科研工作方面的指导[176]。显而易见，文理试验班和元培实验班的理念和目标完全不同。

5.5 本章小结

如果说二十世纪八十年代，计划经济到市场经济的变革开始引发北京大学本科人才培养的转向，那么1992年之后，面对市场经济的巨大冲击和科教兴国的重大机遇与挑战，北大的本科人才培养经历了一场真正意义上的变革。这种变革主要体现在两个方面。

首先是"加强基础，淡化专业，分流培养，因材施教"十六字方针核心要义"淡化专业"的真正落地。为了配合培养创新人才和职业精英的需要，北大这一时期的专业设置口径开始拓宽到学科层面，课程体系中也落实了占总学分1/3的"学院级"课程的安排。这意味着北大对于"专"的理解和实践都拓展到了"宽厚的学科基础加上具有定向性的专业分流"上来。此外，北大加强本科生更为宽厚的文理学科大类基础的设想也开始在文理科试验班落地。

其次是文化素质教育的规划与大力建设。根据北京大学的设想，作为专业教育基础的素质教育旨在培养"两种态度，两种能力"，它在课程体系上涵盖所有学科的共同基础课程（政治类课程、思想品德课以及国防教育、体育、英语、计算机、中文、历史、数学、物理等）、文理互选、艺术类课程和任意选修课程等几大模块。其中，除去"中文、历史、数学、物理"等四门最为重

---

175 金顶兵，〈中国制度环境下本科学生自主选择专业的探索与实践——北京大学元培计划实验班的案例分析〉[J]，《高等教育研究》，2006年第9期，第88-93页。

176 注：这种区别类似于洪堡理念和纽曼理念的差异：德国的传统是以作为知识训练的典范的教授权威为基础的，与此相反，纽曼的牛津模式基本上不是以教授为基础而是以导师为基础，这大概是因为他认为教育的目的在于传授人们已接受了的知识，因此不需要基础研究以生产新知识或对已存在的思想准则做批判性审查（参见[英]杰勒德·德兰迪，《知识社会中的大学》[M]，黄建如译，北京：北京大学出版社，2019年，第51页。）

要的所有学科共同基础课和任意选修课，其他素质教育课程被统称为"通识课程"。不难发现，当时素质教育的内涵和外延要比通识教育更加宽泛，它所隐含的"通"指向由"所有学科的共同基础"锻造出的"做人做事的态度和能力"。

　　由于在实践层面，北大将有限的精力花在了以艺术类课程、文理互选课程为代表的文化素质教育课程建设上，这一时期实践层面的"通"变成了具有时代特征的**"知识面的扩大、对中华传统文化的传承、适恰的世界观、人生观和价值观"**。作为专业教育的补充，这种"通"有其存在的价值和积极意义。然而，漏掉了"通"当中最无功利色彩的、旨在塑造一个人做人做事基本态度的"共同基础"，"通"也就失去了它的灵魂。2000 年之后，北大直接以20 世纪 90 年代的文化素质教育选修课为基础进行所谓通识教育的改革，这种缺失了培养"共同基础"的通识教育很快就遭遇到了极大的困难。

表 5-12　北大本科人才培养模式及通专内涵（科教兴国时期）

本科人才培养模式	内　涵
培养目标	创新人才和职业精英
专业设置	面向学科设置专业／增加应用学科专业比重，保证基础学科专业少而精
课程设置	全校公共课-学科大类课-专业课、分流方向课和任选课
教学组织形式	提倡自主学习／文理试验班的导师制度
专	宽厚的学科基础加上具有定向性的专业分流
通	做人做事的态度和能力（设想层面）／知识面的扩大、对中华传统文化的传承、适恰的世界观、人生观和价值观（实践层面）

第六章　尾声与讨论

6.1　延展的现实：加强通识教育，培养高素质创新型人才

6.1.1　通识教育与专业教育分段治之

　　20 世纪 90 年代，在科教兴国战略的指引和 211 工程的支持下，北京大学本科教育展开了全面的改革。由于设想中"所有学科的共同基础"和"文理大类学科的共同基础课"暂时没有能力在全校范围内开展，学校仅通过文理科试验班在小范围内探索加强文理大类学科的共同基础以培养拔尖创新型人才，并在全校范围内着重建设了主要包括文理互选课、传统文化课程、艺术类课程在内的有着"通识"意涵的文化素质教育类课程以培养高素质人才。

　　1998 年，江泽民总书记在北京大学百年校庆的讲话中明确对大学培养的人才提出了"高素质"和"创造性"两点要求[1]。在随后召开的全国教育工作会议（1999）上，他再次强调高等教育要"以提高国民素质为根本宗旨，以培养学生的创新精神和实践能力为重点"[2]。据此，北京大学正式提出"把培养高素质创新人才作为办学的根本使命"[3]，并迅速成立本科教学发展战略研究

1　《江泽民在庆祝北京大学建校一百周年大会上的讲话》[EB/OL]，http://www.moe.gov.cn/jyb_sjzl/moe_177/tnull_2475.html. 2019-11-25。

2　江泽民，《国运兴衰系于教育教育振兴全民有责》[N]，《人民日报》，1999-06-16。

3　北京大学，〈落实科教兴国战略，培养高素质创新人才〉[J]，《北京高教》，2000 年第 2 期，第 35-37 页。

小组，研究如何开好全校性共同选修的一些课程，以"深化本科教学改革，推进素质教育，提高北京大学本科人才培养质量"[4]。

然而，接下来快速建成的、在 2000 年秋季就在全校推广的"素质教育通选课"几乎是完全建立在 90 年代文化素质教育通选课基础之上的，从首次通选课选课手册的要求我们可以清晰地看到这一点：2000 年 9 月后入学的新生，毕业时应在数学与自然科学、社会科学、哲学与心理学、历史学、语言文学及艺术等五个领域修满至少 16 学分的通选课，原文理互选课、艺术选修课学分纳入通选课学分，不再另外要求。[5]由原本的文理互选课、艺术课转变而来的素质教育通选课仍作为"专业教育的重要补充"存在是可行的。然而，在 2001 年北大的官方口径中，素质教育通选课已经成了"**打破专业和学科壁垒，争取把单科化的专才教育转变为整体化的通识教育**"[6]的重要手段。作为"新型人才培养模式的重要组成部分"、"分科制改革为素质和基础制的重要基石"[7]、"本科教育的重要支柱"[8]，素质教育通选课承担了低年级"广泛的通识教育"的全部使命，专业的学术训练则要在它打下的基础上进行。

在学校的大力推动下，短短两年多的时间内，素质教育通选课就全面铺开，从最初的 30 多门扩展到 256 门，每学期开设的课程数量都超过 110 门[9]。然而，丢掉了极其关键的"所有学科的共同基础"和"文理学科大类的共同基础"，只包括文理互选课和艺术类课程的通选课太过单薄，学生们选择 16 个学分通选课只是为了"学得轻松，学分好拿"、"好奇"、"有趣、对口味"、"就选了听听"、"有电影幻灯看"[10]等，完全与打造"专业教育的基础"无关。

---

4 《关于召开通选课教学研讨会的通知及会议纪录》（2002）[Z]，北京大学档案馆馆藏，档号：1GL6122002-4130。

5 《北京大学本科素质教育通选课选课手册》（2000）[Z]，北京大学档案馆馆藏，档号：61220001200。

6 《为什么要开设通选课？》（2001）[Z]，北京大学档案馆馆藏，档号：1GL6122001-1272。

7 《迟慧生校长在北京大学 2002 年教学工作研讨会议上的讲话》（2002）[Z]，北京大学档案馆馆藏，档号：1GL22002-4023。

8 《发挥综合大学优势，加强文化素质教育》（1996）[Z]，北京大学档案馆馆藏，档号：30396046(07)。

9 《关于修订北京大学本科生教学计划的意见》（2002）[Z]，北京大学档案馆馆藏，档号：1GL6122002-4128。

10 《2004 年教学工作会议文件汇编》（2004）[Z]，北京大学档案馆馆藏，档号：1GL6122004-4126。

经过近 5 年的发展，北大终于意识到，通选课不仅未能如设想的那样成为专业教育的基础，还因为占用了专业课的学分和学习时间而动摇了北大本科"基础"的根基。

6.1.2 整合通识教育和专业教育

鉴于包括通选课在内的本科教育改革中出现的一系列问题，北大在全校开展了为期一年的本科教育教学大讨论[11]。通过讨论，师生们普遍认识到：低年级通识教育，高年级宽口径专业教育的本科培养方针固然正确，但低年级淡化专业，不等于取消专业。有一定专业归属感利于人才培养[12]。因此，除了广泛涉猎的素质教育通选课，低年级还应加大文理基础平台课建设的力度，构筑不同学科的共同平台，强化基础课课程教学[13]，以实现基础的深化。2009年，北大正式将全校性通选课学分要求由 16 学分调整为 12 学分[14]，同时增设大类平台课——理科学生可自由选择理科不同层次的高等数学、物理学、化学和生物学课程，文科学生可选择为文科开设的不同层次的高等数学，以及古代汉语、学术规范与论文写作、逻辑与批判性思维等。作为相近学科的共同基础课，大类平台课是学生进入相关院系的基础平台[15]。学校认为，在精品通选课暂时不足的情况下，建立一些共同的平台，有利于低年级的同学拓宽基础，开阔学术视野，并为学生进一步的选择提供基础。

为了推行大类平台课，学校将全校各院系按照专业划分成理学类（数学、物理、化学）、文史类（中文、历史、哲学、宗教学）、社会科学类（新闻传播学院、政府管理学院、国际关系学院、社会学系）、经济管理类（经济学院、光华管理学院、经济中心）四个大类[16]。各大类分别成立课程建设小组，为本

---

11 《关于北京大学本科教育教学工作的讲话》（2005）[Z]，北京大学档案馆馆藏，档号：1GL6122005-4036。

12 《北京大学本科教学改革综合报告》（2007）[Z]，北京大学档案馆馆藏，档号：1GL6122007-4037。

13 《许智宏校长在元培计划五周年回顾与展望大会上的讲话》（2006）[Z]，北京大学档案馆馆藏，档号：1GL22006-4047。

14 《关于修订北京大学本科生教学计划的通知》（2008）[Z]，北京大学档案馆馆藏，档号：1GL6122008-4035。

15 《通识教育及其在北京大学的发展——关于北京大学课程建设的调研报告》（2011）[Z]，北京大学档案馆馆藏，档号：1GL6122007-4015。

16 《通识教育及其在北京大学的发展——关于北京大学课程建设的调研报告》（2011）[Z]，北京大学档案馆馆藏，档号：1GL6122007-4015。

大类的所有院系学生重点建设 1-2 门基础平台课程，并开放一批专业课作为大类平台课。大类平台课学分超过 12 学分的，可直接冲抵通选课学分；学生跨学科大类选修大类平台课程的，学分也可计入通选课程。大类平台课的设立缓解了通识教育和专业教育缺乏关联和互动的不利局面。这之后，大类平台课与主干基础课（学科基础课）、通选课在官方语境中一起构成了学校课程体系的核心。不难发现，所谓"大类平台课"，实际就是 20 世纪 90 年代学校设想建设的"文理大类学科的共同基础课"。

6.1.3 重建"通识教育课程体系"

在以通选课为代表的通识教育和专业教育通过大类平台取得初步衔接的基础上，2010 年，学校又在《北京大学"985"工程（2010-2020）总体规划》以及行动计划中提出，要以通识教育课程建设为重点，建立一套旨在拓宽基础、强化素质、培养通识的课程体系，以"使学生成为素质全面、人格高雅和有教养的人"[17]。这意味着，通识教育的重任不能仅仅由"通识教育选修课"承担，而应由涵盖各种课程类型的"通识教育课程体系"承担。这被看作是北京大学通专融合理念实施的开端。按照《北京大学""985"工程（2010-2020）总体规划》通识课程体系的设计，通识教育课程体系包含如下三类：第一类是通识教育核心课程（实验课程），侧重于强调对经典文本的阅读和对根本问题的思考和研讨，奠定北大本科生共同的理念、知识和问题意识。这类课程主要采取课堂讲授和小班讨论的授课方式。第二类是基本能力培养和知识拓展课程（基本课程），旨在拓宽基础、强化素质、引导学生从本科教育的最基本领域中获得跨学科基础知识以及不同学术领域的研究方法及主要思路，这类课程主要采取课堂讲授的授课模式。第三类是社会实践课程（第二课堂），其目标是促进理论与实践相结合，侧重培养学生分析解决问题能力和组织协调能力，通过社会实践深化对"核心课程"和"基本课程"所学内容的理解和把握。2010 年之后，北大首先重点建设了通识教育课程体系中的第一类"核心课程"。不难发现，所谓通识教育核心课程，实际上是 20 世纪 90 年代素质教育课程体系中"所有学科的共同基础"设想的落地。

至此，20 世纪 90 年代北京大学关于强化素质、培养开创性人才的全部

---

17 北发[2010]27 号报请审阅，《北京大学"985 工程"（2010-2020 年）总体规划》和《北京大学"985 工程"（2010-2020 年）改革方案》[Z]，2010 年。

设想——所有学科的共同基础、文理学科大类的共同基础、扩大知识面的文理互选、增强美的鉴赏力和提升想象力的艺术教育全部开始落地。2016 年，随着《北京大学本科教育综合改革指导意见》的出台，新一轮旨在建立和完善"通识教育与专业教育相结合"本科教育体系的改革正式启动。未来，学校计划努力通过囊括专业课程、通识课程以及课外教育等多种形式的通识教育课程体系来实现北京大学通识教育的目标[18]。

6.2　总结与讨论

6.2.1　主要结论与讨论

　　"通"与"专"，是一对与"培养怎样的人和怎样培养人"密切相关的核心概念。这对概念在实践中的张力并不是近年来学习以美国为代表的西方通识教育之后才出现的。事实上，"通"与"专"的冲突与调整在我国高等教育发展过程中始终存在。新中国成立之后，作为全国综合性大学、科学与文化的重要标志，北京大学不断调整本科人才培养模式，以配合国家需要的变化。随着"培养怎样的人"的定位变化，北京大学"通"与"专"的内涵及关系一方面在官方话语体系下发生着微妙的变动，另一方面却在实践中展现出不同的逻辑。本研究系统回顾了 1952 年院系调整到 1998 年百年校庆之间，北京大学"以苏联为师"、"探索自主道路"、"从计划到市场"、"科教兴国"四个不同的历史发展阶段，在"培养怎样的人"这一根本问题上理念与实践的发展变化，并重点关注了这背后"通"与"专"的内涵以及二者关系的变动。研究的主要结论如下：

　　1. 北京大学本科人才培养模式的变迁体现了知识、美德和实用三种人才培养传统的交织。

　　自古以来，知识、美德和实用，即推动知识的进步，促进社会、道德行为规范的遵守，以及为高级职位或专业培养人才是教育特别是高等教育在整个历史上最重要的三个目的[19]。研究发现，1952-1998 年间，北京大学本科人

---

18 邹儒楠、丁洁琼、曹宇，〈北京大学通选课的历史演变与发展〉[J]，《中国大学教学》，2019 年第 4 期，第 81-86 页。

19 [比]希尔德·德·里德-西蒙斯，《欧洲大学史（第二卷）》[M]，张斌贤、程玉红、和震、张弛、王海芳等译.石家庄：河北大学出版社，2008 年，第 45 页。

才培养的逻辑经历了"以知识自身为目的，培养科研教学高级专门人才"（全面学苏时期）——"服务无产阶级政治，培养社会主义劳动者"（试图摆脱苏联模式的自主探索时期）——"面向社会，培养专家的毛坯和实际工作者"（从计划经济到市场经济的转型期）——"兼顾市场与心智养成，培养职业精英和创新人才"（科教兴国战略时期）的变迁。在上述变迁当中，我们既看到了以知识本身为目的，教学和科研紧密结合的"培养学者"[20]的传统，又看到了"知识从属于社会"[21]，教育与科研相分离的培养职业化"技术专家"、"公务人员"[22]的传统，还看到了"教授普遍知识"[23]，培养"适应这个世界"的"绅士"、"合格社会公民"[24]的传统。

这三重传统不仅是西方高等教育的传统。在中国，以知识本身为目的的传统早在蔡元培治校时期就被引入北大；知识从属于社会的传统则与北京大学前身京师大学堂成立的初衷"学以致用"相一致；教授普遍知识，培养绅士和合格社会公民的传统更是与中国传统上对于士大夫"不可不弘毅，任重而道远"的要求不谋而合。1952=1998 年间，上述三重传统随着国家、社会对于高等教育需求的变动而不断地在北大发生重组——全面学苏时期以知识本身为目的的传统占据主导；伴随着从计划经济到市场经济的巨大震荡，北京大学逐渐开始偏向知识从属于社会的大学传统；20 世纪 90 年代之后，以知识本身为目的、知识服务于社会、以知识培养心智的三种大学传统交织在一起，共同作用于北京大学的本科人才培养。

2. 在上述三条显性的人才培养逻辑下，北京大学本科人才培养还始终贯穿着中国高等教育"服务国家"的隐性传统，以及北京大学所坚守的"研究高深学问"的隐性传统。

上述三重高等教育本科人才培养传统的缠绕、冲突与共生并不是构成北

---

20 [英]杰勒德·德兰迪，《知识社会中的大学》[M]，黄建如译，北京：北京大学出版社，2019 年，第 47 页。

21 [英]杰勒德·德兰迪，《知识社会中的大学》[M]，黄建如译，北京：北京大学出版社，2019 年，第 47 页。

22 [英]杰勒德·德兰迪，《知识社会中的大学》[M]，黄建如译，北京：北京大学出版社，2019 年，第 47-48 页。

23 [美]约翰·亨利·纽曼著，《大学的理念》[M]，高师宁、何克勇、何可人、何光沪译，北京：北京大学出版社，2016 年，第 1 页。

24 [美]约翰·亨利·纽曼著，《大学的理念》[M]，高师宁、何克勇、何可人、何光沪译，北京：北京大学出版社，2016 年，第 151 页。

京大学本科人才培养模式的全部。我们看到，作为一所与国家、民族命运息息相关的、代表着"国家科学与文化标志"的综合性大学，北京大学的本科人才培养始终贯穿着服务国家发展战略的强大逻辑。在这重逻辑下，全面学苏时期的北京大学不能仅仅以知识本身为目的，还必须重视高深知识的实际应用；从计划经济到市场经济的转型初期，北京大学一方面要适应本科在高等教育中地位的变化，降低专业训练的要求，培养毛坯，另一方面必须呼应国家需求，培养短线实际人才；从计划经济到市场经济的转型后期，北京大学不能仅仅适应市场，培养实际工作者，还必须坚守基础学科为更高层次的学习阶段输送人才、培养专家的预备队伍这一国家赋予的重要历史使命；1992年以后，对全面素质的强调不仅仅体现了对人本身发展的重视，更是呼应国家对民族素质、民族精神的强调以及对面向 21 世纪创新人才的全新要求。

从另一个角度看，1952-1998 年间，无论国家、社会的外部逻辑如何变化，北京大学都通过其强大的"研究高深学问"的隐性逻辑传统坚守着北京大学作为国立综合大学发展科学与文化的历史使命。早在蔡元培时期，北大就强调"大学为纯粹研究学问之机关，不可视为养成资格之所，亦不可视作贩卖知识之所。学者当有研究学问之兴趣，尤当养成学问家之人格"[25]。新中国成立之后，北京大学又被定位在"各类高等学校和各种科学研究机构的基础，社会现代化和科学发展的发展标志"上。这种历史传统决定了北京大学面对市场经济的冲击，始终坚持文理科基础人才的培养，强调塑造研究人员所必需的素质。

在北京大学的案例中，"服务国家"和"研究高深学问"的隐性逻辑长期并存，共同影响着北京大学本科人才培养的样态。应该说，这两重逻辑虽然存在矛盾，却有着达至和谐统一的可能，二者的结合形成了北京大学既重视研究高深学问，又注重高深学问应用的特色传统。当然，1958-1976 年北京大学自主探索的经验告诉我们，脱离了"研究高深学问"的大学内部逻辑，由"服务国家"的外部逻辑完全主导高等教育是极其危险的。

3. 作为全国性的综合大学，北京大学在院系调整到百年校庆之间的 40 余年中，一直都担负着培养"专才"的重要使命。由于上述本科人才培养逻辑的不同，"专"的内涵在不同的历史时期发生了显著的变化，分别对应着："研

---

25 王学珍、王效挺，《北京大学纪事》[M]，北京：北京大学出版社，1998 年，第 80 页。

究高深知识，以科学为业"（全面学苏时期）——"做中学，以生产劳动为业"（试图摆脱苏联模式的自主探索时期）——"理论实践并重，以市场为业"（从计划经济到市场经济的转型期）——"面向学科，兼顾科学和市场"（科教兴国战略时期）。"专"的内涵变动背后，事实上经历了从"建构三层楼"到"打破三层楼"再到"重构三层楼"的过程。

1952 年之后，在"绝不培养'抽象的'、'大而无当的'、'学非所用，用非所学'的'博学通才'，而是培养'具体的'、'学以致用'的专门人才"[26] 导向下，北京大学全面学习以莫斯科大学为代表的苏联综合大学模式，以学科为标准划分十分宽泛的专业，在本科人才培养过程中按照"三层楼"的方式组织教学，首先注重帮助学生夯实宽厚的相近学科共同基础（如理科的数学、文科的历史）和学科基础（第一层楼），而后引导学生进入专门的专业领域，打好专业基础（第二层楼），最后以专门化的形式开展有关高深知识的科研训练（第三层楼），从而培养"以科学为业"的高级专门家。值得注意的是，苏联模式三层楼中的第一层楼有片面为第二三层楼做准备的狭隘倾向。

由于全面学苏出现了照抄照搬的教条主义倾向，大跃进之后，我国开始在高等教育领域探索自主发展的道路，并提出了"又红又专的社会主义劳动者"的全新培养目标。在服务国家政治的逻辑下，北京大学文理科综合大学的定位得不到体现，学生不再需要通过"三层楼"塑造"宽厚的基础理论知识"，而是要在生产劳动中"做中学"，夯实"实践基础"，然后在实践中学习理论、运用理论[27]，成为直接服务于生产实际（理科）和无产阶级革命舆论（文科）的"以生产劳动为业"的社会主义劳动者。从文革中培养学生的质量看，打破"三层楼"，单纯以"劳动实践"的形式塑造专业基础的尝试是不成功的。

文革结束之后，北京大学通过"通专大讨论"再次确立了"培养专才"的定位，但是，"研究高深知识，以科学为业"已经不再是这一时期本科阶段培养专才的任务。随着计划经济到市场经济的转型，北京大学开始在加强专业基础的前提下，面向社会和市场，教授接口知识，大量地培养能够快速适应具体工作的"实际工作者"，这一方面解决了文理科毕业生就业的困难，另

---

26 《从苏联高等教育的经验略谈几个问题——苏联专家 1950 年第一次全国高等教育会议上的发言》（1950）[Z]，北京大学档案馆馆藏，档号：3。

27 清华大学，〈一个具有战略性的经验〉[J]，《教育革命通讯》，1974 年第 12 期，第5 页。

一方面满足了社会对于实际工作者的大量需求。不难发现，"三层楼"的第二层楼开始回归，第三层楼则以接口训练代替科研训练的方式得以回归。

20 世纪 90 年代，随着我国与国际各国的交流越来越多，西方国家本科培养通才的定位再次引发了有关"通专"的讨论。北京大学清醒地认识到，中国高等教育尚属于培养"英才"的阶段，"专才教育"必不可少。但是，面向 21 世纪激烈的国际竞争，新时期北京大学专才教育仅面向专业本身是不够的，它还必须面向学科，在加强专业基础的同时，加强更为宽广的学科基础和学科共同基础，使学生具备发展为"高层次专家学者"和"高级管理人才"[28]的可能性。至此，"三层楼"中的第一层楼也得以恢复，成为学校培养面向 21 世纪专才的必要手段。无论是苏联模式的三层楼，还是新时期的三层楼，其背后蕴含的都是高等教育人才培养一以贯之的内在逻辑。

4. 文化素质教育并非中国本土化通识教育的起点。从院系调整到百年校庆之间，虽然官方一直强调培养"专门人才"，但事实上，北京大学培养专才的过程中一直贯穿着"通"的实践[29]。在不同的历史时期，"通"的内涵分别对应着"以科学达至修养"（全面学苏时期）——"以生产劳动达至红"（试图摆脱苏联模式的自主探索时期）——"以基础知识和通用技术达至职业能力"（从计划经济到市场经济的转型期）——"以全面基础达至素质"（科教兴国战略时期）。

院系调整后，北京大学全面学习苏联实力最强的综合性大学莫斯科大学，通过研究高深学问、培养高级专门家服务国家建设。这其中研究高深的学问，即纯粹的科学而非技术，是培养具有充分的自由性、适度的规律性、生动的想象力、高超的思辨能力、独立的个性和完整的民族性[30]的"有修养的人"的必要手段。虽然纯粹的科学"目的本非如此，但它的确是天然合适的材料[31]。""以科学达至修养"在 20 世纪 50 年代的北京大学通过设置纯粹的

---

28 《北京大学改革与发展纲要》（1994）[A]，王义遒、孙桂玉、王文清主编，《文理基础学科的人才培养》[M]，北京：北京大学出版社，2005 年，第 43 页。

29 注：蔡元培治校时期的北京大学就有"打通文理"、"养成健全人格"的通识实践，甚至中国传统士大夫就讲求"士之致远，先器识而后文艺"（出自后晋赵莹主修的《旧唐书·列传·卷一百四十》）。可见，"通"是中国教育的历史传统。

30 姚小平，《洪堡特——人文研究和语言研究》[M]，北京：外语教学与研究出版社，1998 年，第 22-29 页。

31 洪堡、陈洪捷译，〈论柏林高等学术机构的内部和外部组织〉[J]，《高等教育论坛》，

文理学科、结合科研开展专门化项目等手段和形式展开，它是苏联综合大学不同于单科性大学所独有的"通"。

到了自主探索时期，"以科学教育达至修养"的"通"被彻底打碎，取而代之的是"以生产劳动达至红"，即在开门办学、以社会为工厂的劳动实践中，塑造学生无论在任何环境、任何工作当中，都能为无产阶级政府服务、为革命斗争服务的**集体主义精神和无私奉献的精神**。这固然是"通"的一个方面，但是，片面地将劳动教育背后的"政治教育"等同于所有的有关"通"的教育，造成了严重的后果。

20 世纪 80 年代，"以科学达至修养"的"通"和"以劳动教育达至红"的"通"因为不能适应技术化社会的需要、不能顾及生命个体的情感、欲望而遭到淘汰，"以基础知识和通用技术达至职业能力"的"通"取而代之，成为新的历史阶段专业教育背后"通"的新内涵，在这个"通"之下，学生要夯实专业基础和学科基础，增强自身独立学习和触类旁通的能力，适应频繁的工作变动和工作中遇到的新问题；掌握通用的、实际的技术技能，适应各类具体的职业岗位。

进入 20 世纪的最后十年，仅仅拥有知识和能力已经无法应对即将到来的新世纪对于复合创新型人才的需求，"以全面基础达至素质"的"通"登上历史舞台。这时的"通"旨在通过加强所有学科的共同基础、文理大类学科的共同基础，以及扩大知识面、增加艺术素养等多个方面，帮助学生养成积极学习和正确做人的态度、独立获取知识和表达交流的能力。这被认为是 21 世纪人才必备的重要素质，是培养创造力的基础。

从上述分析中可以看到，"专"与"通"在北京大学院系调整到百年校庆 40 余年的本科人才培养实践当中从来都是并存的、无法完全切分的，从根本上说，"专"与"通"的实践存在着内在的统一性。院系调整之后，科学既是培养高级专门家的手段，也是达至修养的渠道；自主探索时期，生产实践既担负着培养劳动者的使命，又担负着塑造无产阶级价值观的使命；从计划经济到市场经济的转型期，宽厚的学科基础既能够确保研究人员素质的塑造，又能呼应国家和社会对毕业生快速习得通用职业能力、适应实际工作的需要；科教兴国战略之下，文理学科的共同基础既是培养适应新世纪跨学科创新型人才的必须，又是塑造整全的、具有正确做人、做事态度的社会公民的手段。

1987 年第 1 期，第 93-95 页。

5. 20 世纪 90 年代，北京大学对素质教育和通识教育的认识有着内在的一致性，二者都强调加强全面的"共同基础"。然而，由于国家层面对"文化素质教育"的着重推动以及校方在加强"共同基础"方面遇到的困难，加强"共同基础"的设想并未实现。理念与实践的脱节为 1998 年之后北京大学的通识教育改革实践埋下了极大的隐患。

20 世纪 90 年代，在学校的设想下，"素质教育"的课程体系包括"通识教育课程"（包括马克思主义政治理论课、思想品德课以及国防教育、体育、外语、计算机等必修课，以及文理交叉选修课、艺术类选修课等）、"中文、历史、数学、物理"等共同基础课、以及任意选修课几个方面。这些共同基础课程在北京大学看来是新型综合大学培养面向 21 世纪高素质创新人才的必需。然而，事实上，这一时期素质教育的理念与实践发生了脱节，北京大学在全校范围内仅仅着重建设了除共同基础课之外的其他几类课程。1998 年百年校庆之后，除共同基础之外的文理互选、艺术类课程构成了北京大学通识教育改革最重要的课程来源，占据了本科总学分的 10%以上。由于缺乏"共同基础"的通识教育选修课极大地削弱了北京大学本科人才培养的基础，2007 年之后，学校通过建设"大类平台课"（相近学科的共同基础课，是学生进入相关院系的基础平台，2007 年开始在元培学院开设，2009 年在全校推广）、"通识教育核心课程"（侧重于强调对经典文本的阅读和对根本问题的思考和研讨，奠定北大本科生共同的理念、知识和问题意识，2010 年开始建设）重新找回 20 世纪 90 年代素质教育理念中最为关键的"共同基础"。从这个层面上说，1998 年以来北京大学本科人才培养模式的改革实践绝不仅仅是学习以美国为代表的西方通识教育的结果，它还有着从自身传统中继承的基因。

6.2.2 研究贡献与局限性

本研究的主要贡献包括：

1. 从历史的视角梳理了以北京大学为代表的中国高等教育本科人才培养改革过程中"通"与"专"内涵的变化

有关通识与专业的研究已有许多，但往往集中在两个方面，一是在当下的背景下探讨如何开展通识教育的实践；二是对西方通识教育历史变迁及实践的分析。对于中国高等教育本科人才培养的历史过程中，究竟何为通？何为专？不同的历史时期"通"与"专"的内涵和二者关系发生了怎样的演变？

这两个问题尚且没有较为细致的梳理。本研究深入挖掘相关文献、档案资料，并结合关键人物的访谈，展现了中国高等教育的缩影——北京大学从1952年院系调整到1998年百年校庆40余年间本科人才培养当中"通"与"专"的内涵变化，这对于理解当下中国的通识教育实践有着十分重要的意义。

2. 厘清了具有中国特色高等教育本科人才培养模式的历史特征及发展演变过程

目前对本科人才培养模式的研究往往集中在应然层面，至于我国高等教育历史上本科人才培养模式的实然状态究竟如何则缺乏必要的梳理。本研究在国家、市场、高等教育自身三重逻辑下，厘清了"以知识本身为目的"、"知识服务于社会"、"知识是培养心智的手段"三种本科人才培养的传统模式在北京大学人才培养历史上的交替、缠绕、冲突与共存，以及具有中国特色的"知识服务国家"的传统和北京大学"研究高深学问"的传统贯穿始终的存在样态。

3. 深入分析了苏联综合大学的人才培养模式，纠正了对于1977年之后我国本科人才培养"摆脱苏联模式，从专业走向通识"的错误认识

以往有关我国高等教育人才培养模式的研究往往基于这样的假设：中国高等教育过于狭窄的专业面向是学习苏联的结果，学习苏联之后的很长一段历史时期，我国高等教育进行的都是片面的、缺乏通识意涵的专业教育。之所以出现这样的假设，是因为一直以来，对苏联模式及其对中国高等教育影响的研究多集中在有关"院系调整"对于整个高等教育布局的影响方面，缺乏对具体高校的教学改革、课程改造做深入细致的研究，尤其缺乏对于全国14所文理科综合大学与其他大量的单科学院全面学苏的做法进行具体区分。本研究细致梳理了1952年之后，以北京大学为首的综合大学以苏联为师"重视共同基础课，借助专门化项目开展科研训练"的全面改革实践。研究发现，这种人才培养模式与过于偏狭的专业教育无关。这一系列改革实践背后所体现出来的"研究高深知识，以科学达至修养"的传统成为了北京大学在学习以美国为代表的西方通识教育改革受挫之后，培养高素质创新人才要重新找回的重要传统。

4. 为文化素质教育和通识教育的辨析提供了一个现实的案例

自从文化素质教育提出以来，就不乏关于素质教育与通识教育的对比研究。这种比较与争论随着近年来通识教育的发展愈发增多。然而，相关研究

往往停留在对于这一对概念的抽象辨析之上，缺乏对于素质教育和通识教育理念和实践的生动比较研究。由于北京大学几乎是在同一时期提出了通识教育和素质教育这样的一对概念，因此，在本研究当中，我们得以看到通识教育和文化素质教育的理念在北大是如何产生的？实践过程中又是如何推行的？二者之间的一致性和差异体现在哪里？这为我们理解通识教育与素质教育的异同，以及应对后续素质教育和通识教育实践中遇到的困境提供了思路和方向。

由于能力有限，本研究还存在如下局限性：

1. 鉴于本硕阶段缺乏教育学相关的专业训练，研究者的理论水平十分有限，因此本研究更多地停留在对于北京大学本科人才培养模式变迁，以及背后"通"、"专"内涵变化的具体历史事实的梳理和呈现上，未能从学理层面给予上述历史事实更为深刻的揭示。

2. 鉴于获取材料的限制和时间精力的不足，本研究对于北京大学1952年院系调整到 1998 年百年校庆之间本科人才培养改革实践的梳理存在用力不均的情况，尤其是对于文化革命当中北京大学本科人才培养模式的改革缺乏更为生动细致的描绘。

3. 研究方法的局限性。本研究采用了历史研究法、访谈法、个案分析法等多种研究方法。其中，人物访谈的被访对象分布不够合理——多涉及理科专业，对文科专业关注不足；且访谈对象多为决策者和管理者，缺乏对于政策受众的访谈。在人物访谈对象的数量方面，也存在不够充足的情况。这妨碍了研究获取更为翔实的史实，产生更为客观的认识。此外，在案例分析方面，虽然本研究在附录部分梳理了理科物理系和文科中文系人才培养目标、规格及课程设置的变迁，但在研究主体部分更多地选取了物理系物理学专业为例来说明北京大学本科人才培养方面发生的变化，缺乏对于文科专业和新兴的应用学科专业更为细致的比较分析。

参考文献

一、中文文献

（一）档案文献

1.《钦定大学堂章程》（1902）[Z]，北京大学档案馆馆藏，档号：JS0000158。

2.《北京大学招考简章》（1924）[Z]，北京大学档案馆馆藏，档号：BD1924004。

3.《北大复员纪略》（1947）[Z]，北京大学档案馆馆藏，档号：BD1947020。

4.《1949 年苏联高等学校各类教学大纲》（1949）[Z]，北京大学档案馆馆藏，档号：8。

5.《从苏联高等教育的经验略谈几个问题——苏联专家1950年第一次全国高等教育会议上的发言》（1950）[Z]，北京大学档案馆馆藏，档号：3。

6.《学年度考试工作总结》（1952）[Z]，北京大学档案馆馆藏，档号：30352008。

7.《1952 年苏联莫斯科大学专业设置》（1952）[Z]，北京大学档案馆馆藏，档号：92。

8.《北大物理系教师与苏联专家 B·A·柯诺伐洛夫的对话》（1953）[Z]，北京大学档案馆馆藏，档号：102。

9.《关于综合大学 1954 年专业设置及发展规模问题的报告》（1953）[Z]，北京大学档案馆馆藏，档号：30353002。

10.《北京大学物理学系的专业、专门化设置意见》（1953）[Z]，北京大学档案馆馆藏，档号：30353019。

11. 《苏联高等学校教研组的基本任务及工作方法》（1953）[Z]，北京大学档案馆馆藏，档号：3。

12. 《关于综合大学1954年专业设置及发展规模问题的报告》（1953）[Z]，北京大学档案馆馆藏，档号：30353002。

13. 《关于各综合大学研究发展重点与方向的指示》（1953.5.18）[Z]，北京大学档案馆馆藏，档号：3031953019。

14. 《专门化设置问题报告》（1953.8.3）[Z]，北京大学档案馆馆藏，档号：3031953013。

15. 《关于苏联新的综合大学教学计划》[Z]，摘自苏联高等教育部副部长普罗柯夫耶夫：《综合大学、经济和法律学院的主要任务》，1954年，北京大学档案馆馆藏，档号：78。

16. 《关于修订教学计划若干关系的规定及各系科修订教学计划的意见》（1954）[Z]，北京大学档案馆馆藏，档号：30354011。

17. 《我校苏联专家关于考试学年论文和毕业论文等教学工作的谈话》（1954）[Z]，北京大学档案馆馆藏，档号：88。

18. 《苏联专家杨波利斯基：考试是教学过程中的一个重要环节》（1954）[Z]，北京大学档案馆馆藏，档号：30354005。

19. 《1954年苏联综合大学物理专业高等数学的教学大纲》（1954）[Z]，北京大学档案馆馆藏，档号：68。

20. 《莫斯科大学1954年教学计划》（1954）[Z]，北京大学档案馆馆藏，档号：86。

21. 《高教部发布高等学校课程考试和考查规程》（1955）[Z]，北京大学档案馆馆藏，档号：30355026。

22. 《苏联莫斯科大学生物系主任沃罗密教授来系谈话记录摘要》（1955.5.31）[Z]，北京大学档案馆馆藏，档号：78。

23. 《我校苏联专家关于考试学年论文和毕业论文等教学工作的谈话》（1955）[Z]，北京大学档案馆馆藏，档号：88。

24. 《苏联国立莫斯科大学校长彼得罗夫斯基院士来高等教育部谈话记录》（1955）[Z]，北京大学档案馆馆藏，档号：83。

25. 《学习纪律暂行条例草案》（1955）[Z]，北京大学档案馆馆藏，档号：30355026。

26. 《报送专门化及人数》（1956）[Z]，北京大学档案馆馆藏，档号：30356003。

27. 《苏联综合大学的教学工作》（1957）[Z]，北京大学档案馆馆藏，档号：113。

28. 《高等教育工作者访苏代表团综合大学小组总结报告》（1957）[Z]，北京大学档案馆馆藏，档号：113。

29. 《莫斯科大学校长彼得洛夫斯基与中国访问代表团的谈话》（1957）[Z]，北京大学档案馆馆藏，档号：113。

30. 《四个物理系的组织教学和科学研究情况》（1957）[Z]，北京大学档案馆馆藏，档号：113。

31. 《关于设置系、专业及确定专业方向的请示报告》（1958）[Z]，北京大学档案馆馆藏，档号：30358003。

32. 《北京大学六十年》（1958）[Z]，北京大学档案馆馆藏，档号：Z11.26。

33. 《北大关于系、专业、专门化设置的材料》（1958）[Z]，北京大学档案馆馆藏，档号：3031958003。

34. 《北京大学历史事实改正》（1898-1958）[Z]，北京大学档案馆馆藏，档号：Z11.29。

35. 《呈报我校专业、专门组调整意见》（1963）[Z]，北京大学档案馆馆藏，档号：30363003。

36. 《北京大学各系各专业教学计划》（1963）[Z]，北京大学档案馆馆藏，档号：30364021。

37. 《物理系专业教育方案》（1972）[Z]，北京大学档案馆馆藏，档号：30372028。

38. 《北京大学学生成绩考核试行办法》（1973）[Z]，北京大学档案馆馆藏，档号：30373032。

39. 《无线电系考试情况汇报》（1973）[Z]，北京大学档案馆馆藏，档号：30373032。

40. 《北京大学专业简介》（1973）[Z]，北京大学档案馆馆藏，档号：3031976006。

41. 《1973-1974 年学年校历表》（1973）[Z]，北京大学档案馆馆藏，档号：30373032。

42. 《北京大学专业简介》（1976）[Z]，北京大学档案馆馆藏，档号：3031976006。

43. 《理科教材座谈会简报》（1977）[Z]，北京大学档案馆馆藏，档号：30477001(10)。

44. 《关于制订七七年教学计划的几点意见》（1977）[Z]，北京大学档案馆馆藏，档号：30477001(1)。

45. 《关于恢复教研室决定各系基层组织设置暂行意见》（1977）[Z]，北京大学档案馆馆藏，档号：3051977002。

46. 《1977 年中国语言文学系教学计划》（1977）[Z]，北京大学档案馆馆藏，档号：3031977023。

47. 《关于修订教学计划问题的讨论意见》（1977）[Z]，北京大学档案馆馆藏，档号：30479014。

48. 《物理系四年制物理专业教学计划》（1977）[Z]，北京大学档案馆馆藏，档号：00419770002。

49. 《关于下达《高等学校文科教学工作座谈会纪要》的通知》（1978）[Z]，北京大学档案馆馆藏，档号：3051978006。

50. 《部属综合大学理科专业调整会议纪要》（1978）[Z]，北京大学档案馆馆藏，档号：30478004。

51. 《关于高校专业设置与改造工作的意见（全国教育工作会议征求意见稿）》（1978）[Z]，北京大学档案馆馆藏，档号：30478001(1)。

52. 《关于调整我校发展规模的意见讨论稿》（1978）[Z]，北京大学档案馆馆藏，档号：30478004(2)。

53. 《综合大学历史系历史学专业学时制教学方案》（1978）[Z]，北京大学档案馆馆藏，档号：30578006(5)。

54. 《关于修订理科专业目录的说明及有关材料》（1979）[Z]，北京大学档案馆馆藏，档号：3031979024(9)。

55. 《北京大学专业（选修组）设置方案》（1979）[Z]，北京大学档案馆馆藏，档号：30379061。

56.《北京大学 1979 年专业介绍》（1979）[Z]，北京大学档案馆馆藏，档号：3031979013。

57.《北京大学拟定六五计划和十年规划的一些初步意见》（1980）[Z]，北京大学档案馆馆藏，档号：3051980001。

58. 教外字 325 号，《关于推荐学生参加赴美研究生考试的通知》（1980）[Z]，北京大学档案馆馆藏，档号：30380001(13)。

59.《关于改进教学工作提高教学质量的几点意见》（1981）[Z]，北京大学档案馆馆藏，档号：30581008(1)。

60.《北京大学关于本科生教学计划的编制和有关教学管理工作的若干规定》（1981）[Z]，北京大学档案馆馆藏，档号：30481018(1)。

61.《部属重点综合大学化学系课程结构研究会纪要》（1981）[Z]，北京大学档案馆馆藏，档号：30481017(1)。

62.《北京大学招生简介》（1981）[Z]，北京大学档案馆馆藏，档号：3031981006。

63.《毕业论文工作的几点意见》（1981）[Z]，北京大学档案馆馆藏，档号：3051981008。

64.《1981-1982 学年第一学期教学检查小结》（1981）[Z]，北京大学档案馆馆藏，档号：3051981015。

65.《部属重点综合大学化学系课程结构研究会纪要》（1981）[Z]，北京大学档案馆馆藏，档号：30481017(1)。

66.《1981 年物理学教学计划》（1981）[Z]，北京大学档案馆馆藏，档号：0041981022。

67.《北京高校教学经验交流会材料：关于改进教学工作，提高教学质量的几点想法和做法》（1981）[Z]，北京大学档案馆馆藏，档号：30482011。

68.《CUSPEA 1982 年考试推荐统计》（1982）[Z]，北京大学档案馆馆藏，档号：30382009。

69.《蒋南翔同志在教育部学科评议会上的讲话》（1982）[Z]，北京大学档案馆馆藏，档号：3051982006(5)。

70.《北京大学教学计划、课程目录》（1982）[Z]，北京大学档案馆馆藏，档号：3031982016。

71.《1982 年教学计划中的一些数字统计》（1982）[Z]，北京大学档案馆馆藏，档号：30482009(1)。

72.《北京高校教学经验交流会材料：关于改进教学工作，提高教学质量的几点想法和做法》（1982）[Z]，北京大学档案馆馆藏，档号：30482011。

73.《文科、外语科教学检查汇报》（1982）[Z]，北京大学档案馆馆藏，档号：3051982016。

74.《发扬创造精神，努力为北大学生德、智、体、美全面发展服务——潘维明同志在第十四届学生代表大会上的工作报告》（1982.9），出自北京大学学生工作资料选编（1979.5-1983.5）[Z]，北京大学档案馆馆藏，档号：Z11.99。

75.《一九八一年教学、科研、行政工作的基本情况和一九八二年工作的初步意见》（1982）[Z]，北京大学档案馆馆藏，档号：30582015。

76.《北京大学教学计划、课程目录》（1982）[Z]，北京大学档案馆馆藏，档号：3031982016。

77.《文科、外语科教学检查汇报》（1982）[Z]，北京大学档案馆馆藏，档号：30582016。

78.《关于理科专业设置调整改革的意见》（1983）[Z]，北京大学档案馆馆藏，档号：30483001(1)。

79.《1983 年教学情况和北大五定方案的报告》（1983）[Z]，北京大学档案馆馆藏，档号：3051983017。

80. 北发[83]192 号，《关于设立"环境生物学及生态学""应用生物化学"等专业和"秘书专修科"、"实验技术专修科"的报告》（1983）[Z]，北京大学档案馆馆藏，档号：30483001。

81.《关于文科 1983 年的教学情况》（1983）[Z]，北京大学档案馆馆藏，档号：30583001(8)。

82.《暑期课程计划》（1983）[Z]，北京大学档案馆馆藏，档号：30483020。

83.《北京大学成立艺术教育组的通知》（1983）[Z]，北京大学档案馆馆藏，档号：3051983008。

84.《北京大学学生工作资料选编》（1979.5-1983.5）[Z]，北京大学档案馆馆

藏，档号：Z11.99。

85.《田长霖先生就学制问题给邓小平同志的信》（1984）[Z]，北京大学档案馆馆藏，档号：30484021(2)。

86.《历史系关于教学改革的意见和设想》（1984）[Z]，北京大学档案馆馆藏，档号：30584018(3)。

87.《化学系 83 级汤某某就教学中的问题给丁校长的信》（1984）[Z]，北京大学档案馆馆藏，档号：30484025(2)。

88.《关于改进 1984-1985 年文科教学方法、考试制度和教学检查工作的几点意见》（1984）[Z]，北京大学档案馆馆藏，档号：30584001。

89.《北京大学研究生五十年基本情况统计》（1947-1997）[Z]，北京大学档案馆馆藏开放资料。

90.《专业调查表》（1985）[Z]，北京大学档案馆馆藏，档号：30485001(2)。

91.（85）教高一字 003 号，《关于印发〈何东昌同志在综合大学化学系教学改革和课程结构研究会上谈教学改革〉和〈综合大学化学系教学改革和课程结构研究会议纪要〉的通知》（1985）[Z]，北京大学档案馆馆藏，档号：30485019(2)。

92.《关于修订教学计划若干共同问题的规定》（1985）[Z]，北京大学档案馆馆藏，档号：30585001。

93.《学生转系转专业审批材料》（1985）[Z]，北京大学档案馆馆藏，档号：3031985010。

94.《北京大学关于调整部分专业设置的报告》（1985）[Z]，北京大学档案馆馆藏，档号：30485015(4)。

95.《北京大学教学计划与课程目录》（1986）[Z]，北京大学档案馆馆藏，档号：3031986025。

96.《北京大学 1986 年在黑龙江、辽宁、甘肃、河北、北京招收委培生计划》[Z]，北京大学档案馆馆藏，档号：30386011(7)。

97.《国家教委高教二司理科处：对综合大学理科（本科）七七级至八二级毕业生去向的调查报告》（1987）[Z]，北京大学档案馆馆藏，档号：3031997031。

98.《国家教委关于加强普通高等学校本科教育工作的意见》（1987）[Z]，北京大学档案馆馆藏，档号：30487022(1)。

99.（87）教高二字 023 号，《关于发布《普通高等学校理科本科基本专业目录及简介》、《普通高等学校理科本科基本专业目录实施办法》及做好综合大学理科本科专业整理工作的通知及附件一二三四实施办法》（1987）[Z]，北京大学档案馆馆藏，档号：30487020(2)。

100.《校发 87（152）号校长办公会同意艺术教研室从社科处独立出来》（1987）[Z]，北京大学档案馆馆藏，档号：30587004(1)。

101.《关于普通大学艺术教育现状的调查报告》（1987）[Z]，北京大学档案馆馆藏，档号：30587006(2)。

102.《国家教委关于加强普通高等学校本科教育工作的意见》（1987）[Z]，北京大学档案馆馆藏，档号：30487022(1)。

103.《北京大学辅修专业教学计划》（1987）[Z]，北京大学档案馆馆藏，档号：3031987028。

104.《关于 1987 年各专业招生数的通知》[Z]，北京大学档案馆馆藏，档号：30386011(24)。

105.《报告文学 1987-1988 元旦的震荡》[Z]北京大学档案馆馆藏，档号：Z11.83。

106.《北京大学理科专业目录整理汇总》（1988）[Z]，北京大学档案馆馆藏，档号：30488001(2)。

107.《考古系关于设立博物馆学专业的报告》（1988）[Z]，北京大学档案馆馆藏，档号：30588021(5)。

108.《北京大学关于深化教学改革的设想》（1988）[Z]，北京大学档案馆馆藏，档号：30488001(5)。

109.《1988 年招生工作总结》（1988）[Z]，北京大学档案馆馆藏，档号：30388008(13)。

110.《关于北京大学 88 年招收自费生的报告》（1988）[Z]，北京大学档案馆馆藏，档号：30388008(4)。

111.《1988 年教学研讨会纪录》（1988）[Z]，北京大学档案馆馆藏，档号：30488001(7)。

112.《1988 年招生工作总结》（1988）[Z]，北京大学档案馆馆藏，档号：30388008(13)。

113.《北京地区理科人才需求动向调查》（1988）[Z]，北京大学档案馆馆藏，档号：30488035(1)。

114.《理科人才需求调查材料》（一市经委、科技研究院、四通、东风、电子十二所等）（1988）[Z]，北京大学档案馆馆藏，档号：30488035(7)。

115.《1988 年教学研讨会纪录》（1988）[Z]，北京大学档案馆馆藏，档号：30488001(7)。

116.《教学研讨会文科组讨论纪录》（1988）[Z]，北京大学档案馆馆藏，档号：30588025(2)。

117.《修订教学计划的若干规定》（1988）[Z]，北京大学档案馆馆藏，档号：3031988076。

118. 京高教学字（1988）032，《关于高校开设艺术选修课的意见》（1988）[Z]，北京大学档案馆馆藏，档号：30588019(2)。

119.《新世纪创刊号》（1988）[Z]，北京大学档案馆馆藏，档号：Z11-80。

120.《关于修订教学计划的几个原则意见等》（1989）[Z]，北京大学档案馆馆藏，档号：30589022(1)。

121.《关于加强社会实践活动建设给陆宇澄副市长的报告》（1989）[Z]，北京大学档案馆馆藏，档号：30489036(2)。

122. 市实习办[1989]001 号，关于印发《陆宇澄副市长在北京市高等学校生产实习和社会实践工作报告会上的讲话》和《北京市高等学校定点实习单位名单》的通知（1989）[Z]，北京大学档案馆馆藏，档号：30489036(1)。

123.《北京大学规章制度汇编》（1989）[Z]，北京大学档案馆馆藏，档号：30489002(5)。

124.《北京大学毕业生分配使用情况调查报告》（1990）[Z]，北京大学档案馆馆藏，档号：3031990037。

125.《理科本科毕业生去向调查表》（1990）[Z]，北京大学档案馆馆藏，档号：30490001。

126.《北京大学教学计划》（1990）[Z]，北京大学档案馆馆藏，档号：3031990023。

127. 《各系本科教学计划（院系单行册)》（1990）[Z]，北京大学档案馆馆藏，档号：3031990035。

128. 《北大团委系列调查论文汇编》（1990）[Z]，北京大学档案馆馆藏，档号：Z11.81。

129. 《关于加强文科教学计划内社会实践活动的几点意见》（1991）[Z]，北京大学档案馆馆藏，档号：30591026(2)。

130. 《关于中文系等系学生社会实践经费补助审批材料》（1991）[Z]，北京大学档案馆馆藏，档号：30591026(3)。

131. 《北京大学 1993 年教学改革研讨会纪要》（6 月 9 日常委会通过）[Z]，北京大学档案馆馆藏，档号：3031993081。

132. 《北京大学 1993 年教学改革计划》（1993）[Z]，北京大学档案馆馆藏，档号：30393032。

133. 《北京大学文科班综合试验班课程计划》（1993）[Z]，北京大学档案馆馆藏，档号：30393079。

134. 《北京大学申请"211 工程"预审的报告》（重点学科与学科群建设）（1994）[Z]，北京大学档案馆馆藏，档号：30419940045。

135. 《北京大学 1994 年招生工作总结》（1994）[Z]，北京大学档案馆馆藏，档号：3031994008。

136. 《再接再厉，稳定和提高新生质量——北京大学 1994 年招生工作研讨会纪要》（1994）[Z]，北京大学档案馆馆藏，档号：30394008(16)。

137. 《哲学系、法律系、信管系教学研讨会交流材料》（1994）[Z]，北京大学档案馆馆藏，档号：30394036。

138. 《哲学系九四级第一学期学习情况分析》（1995）[Z]，北京大学档案馆馆藏，档号：30395039。

139. 《国家教委专职委员、高教司司长周远清同志在高等学校文化素质教育试点工作研讨会上的专题报告》（1995 年 10 月 20 日于武汉华中理工大学）（1995）[Z]，北京大学档案馆馆藏，档号：30395003。

140. 《北京大学关于加强大学生文化素质教育的意见》（1996）[Z]，北京大学档案馆馆藏，档号：30396046。

141.《关于加强大学生文化素质教育工作汇报》（1996）[Z]，北京大学档案馆馆藏，档号：30396046。

142.《发挥综合大学优势，加强文化素质教育——北大加强大学生文化素质教育工作汇报》（1996）[Z]，北京大学档案馆馆藏，档号：30396046(07)。

143.《关于我校实施《理学试验班计划》的科学总结》（1996）[Z]，北京大学档案馆馆藏，档号：3031996157。

144.《关于印发《关于修订教学计划的原则和要求》的通知》（1996）[Z]，北京大学档案馆馆藏，档号：30396046。

145.《北京大学教学计划》（1997）[Z]，北京大学档案馆馆藏，档号：61219970662。

146.《数学学院关于面向21世纪教学该内容和课程体系改革的思路与措施》（1998）[Z]，北京大学档案馆馆藏，档号：61219980593。

147.《历史系面向21世纪教学内容和课程建设体系改革领导小组工作总结》（1998）[Z]，北京大学档案馆馆藏，档号：61219980593。

148.《北京大学面向21世纪教学内容和课程体系改革经验汇编》（1998）[Z]，北京大学档案馆馆藏，档号：61219980593。

149.《北京大学本科教学计划》（1998）[Z]，北京大学档案馆馆藏，档号：61219980566。

150.《北京大学本科素质教育通选课选课手册》（2000）[Z]，北京大学档案馆馆藏，档号：61220001200。

151.《为什么要开设通选课？》（2001）[Z]，北京大学档案馆馆藏，档号：1GL6122001-1272。

152.《关于召开通选课教学研讨会的通知及会议纪录》（2002）[Z]，北京大学档案馆馆藏，档号：1GL6122002-4130。

153.《迟慧生校长在北京大学 2002 年教学工作研讨会议上的讲话》（2002）[Z]，北京大学档案馆馆藏，档号：1GL22002-4023。

154.《关于修订北京大学本科生教学计划的意见》（2002）[Z]，北京大学档案馆馆藏，档号：1GL6122002-4128。

155.《2004 年教学工作会议文件汇编》（2004）[Z]，北京大学档案馆馆藏，档

号：1GL6122004-4126。

156.《元培计划实验班情况总结》（2005）[Z]，北京大学档案馆馆藏，档号：1GL0462005-0002。

157.《关于北京大学本科教育教学工作的讲话》（2005）[Z]，北京大学档案馆馆藏，档号：1GL6122005-4036。

158.《许智宏校长在元培计划五周年回顾与展望大会上的讲话》（2006）[Z]，北京大学档案馆馆藏，档号：1GL22006-4047。

159.《北京大学本科教学改革综合报告》（2007）[Z]，北京大学档案馆馆藏，档号：1GL6122007-4037。

160.《关于修订北京大学本科生教学计划的通知》（2008）[Z]，北京大学档案馆馆藏，档号：1GL6122008-4035。

161.《北京大学选课手册》（2009）[Z]，北京大学档案馆馆藏，档号：1GL6122009-4036。

（二）著作及论文集

1. [美]欧内斯特·博耶著，《美国大学教育》[M]，复旦大学高等教育研究所译，上海：复旦大学出版社，1988年，第131页。

2. 冯惠敏，《中国现代大学通识教育》[M]，武汉：武汉大学出版社，2004年。

3. 王义高、肖甦，《苏联教育70年成败》[M]，北京：北京师范大学出版社，1999年。

4. [日]大冢丰，《现代中国高等教育的形成》[M]，黄福涛译，北京：北京师范大学出版社，1998年。

5. 胡建华，《现代中国大学制度的原点：50年代初期的大学改革》[M]，南京：南京师范大学出版社，2001年。

6. 鲍嵘，《学问与治理——中国大学知识现代性状况报告（1949-1954）》[M]，上海：学林出版社，2008年。

7. 谢雪峰，《从全面学苏到自主选择——中国高等教育与苏联模式》[M]，武汉：华中科技大学出版社，2004年。

8. 陈兴明，《中国大学"苏联模式"课程体系的形成与变革》[M]，北京：

社会科学文献出版社，2012 年。

9. 杜勤、雎行严，《北京大学学制沿革》[M]，北京：北京大学出版社，2000年。

10. 王义道，《谈学论教集》[M]，北京：北京大学出版社，1997 年。

11. 王义道、孙桂玉、王文清，《文理基础学科的人才培养》[M]，北京：北京大学出版社，2005 年。

12. 王义道，《探索新型综合大学——王义道教育文选》[M]，武汉：华中科技大学出版社，2018 年。

13. 王义道，《行行重行行——王义道口述史》[M]，武汉：华中科技大学出版社，2019 年。

14. 李曼丽，《通识教育——一种大学教育观》[M]，北京：清华大学出版社，1999 年。

15. 李曼丽、林小英，《后工业化时代的通识教育实践：以北京大学和香港中文大学为例》[M]，北京：民族出版社，2003 年。

16. 《亚里士多德全集》（卷 9)》[M]，苗力田译，北京：中国人民大学出版社，1994 年。

17. [美]约翰·S·布鲁贝克著，《高等教育哲学》[M]，郑继伟等译，杭州：浙江教育出版社，1987 年。

18. 刘小枫、陈少明主编，《古典传统与自由教育》[C]，北京：华夏出版社，2005 年。

19. [美]约翰·亨利·纽曼著，《大学的理念》[M]，高师宁、何克勇、何可人、何光沪译，北京：北京大学出版社，2016 年。

20. [美]艾伦·布鲁姆，《美国精神的封闭》[M]，战旭英译，冯可利校，南京：译林出版社，2011 年。

21. 朱国宏，《哈佛帝国》[M]，上海：上海人民出版社，2002 年。

22. 胡显章、曹莉，《大学理念与人文精神》[M]，北京：清华大学出版社，2006 年。

23. 黄俊杰，《全球化时代的大学通识教育》[M]，北京：北京大学出版社，2006 年。

24. 李继兵，《通识教育论》[M]，北京：高等教育出版社，2012 年。

25. 《通识教育评论（2016 年秋季号）》[C]，上海：复旦大学出版社，2016 年。

26. [法]爱米尔·涂尔干著，《教育思想的演进》[M]，李康译，上海：上海人民出版社，2003 年。

27. [西]奥尔特加·加塞特著，《大学的使命》[M]，徐小洲、陈军译，杭州：浙江教育出版社，2003 年。

28. [美]亚伯拉罕·弗莱克斯纳著，《现代大学论》[M]，徐辉、陈晓菲译，杭州：浙江教育出版社，2001 年。

29. 黄福涛，《外国高等教育》[M]，上海：上海教育出版社，2003 年。

30. [德]恩格斯·路德维希，《费尔巴哈和德国古典哲学的终结》[M]，中共中央编译局编译，北京：人民出版社，2009 年。

31. [英]埃里克·阿什比著，《科技发达时代的大学教育》[M]，腾大春、腾大生译，北京：人民教育出版社，1983 年。

32. [美]伯顿·R·克拉克，《高等教育系统——学术组织的跨国研究》[M]，王承绪等译，浙江：杭州大学出版社，1994 年。

33. 高奇，《中国高等教育思想史》[M]，北京：人民教育出版社，1992 年。

34. 中华人民共和国教育部翻译室、北京师范大学教育学教研室翻译室译，《苏联普通教育法令选译》[M]，北京：人民教育出版社，1956 年。

35. 何东昌编，《中华人民共和国重要教育文献（1949-1975）》[M]，海口：海南出版社，1998 年。

36. 东北师范大学、陕西师范大学高等学校干部进修班编，《中华人民共和国高等教育大事记（1949-1981）》[M]，1982 年。

37. 王清华，《苏联高等教育的历史和现状》[M]，吉林：吉林教育出版社，1985 年。

38. 沈克琦、赵凯华主编，《北大物理九十年》[M]，北京：北京大学出版社，2003 年。

39. 丁石孙口述，袁向东、郭金海访问整理，《有话可说：丁石孙访谈录》[M]，湖南：湖南教育出版社，2013 年。

40. 中华民国国民政府教育部，《大学科目表》[M]，正中书局，1940 年。

41. [德]弗里德里希·包尔生著，《德国大学与大学学习》[M]，北京：人民教育出版社，2018 年。

42. 谢安邦，《比较高等教育》[M]，桂林：广西师范大学出版社，2002 年。

43. 上海市高等教育局研究室等编，《中华人民共和国建国以来高等教育重要文献选编（上)》[M]，1979 年。

44. 吕林编著，《北京大学》[M]，长沙：湖南教育出版社，1989 年。

45. 王学珍、王效挺，《北京大学纪事》[M]，北京：北京大学出版社，1998 年。

46. 《毛泽东著作选读（下册)》[M]，北京：人民出版社，1986 年。

47. 蔡元培，《蔡元培教育文选》[M]，北京：人民教育出版社，1980 年。

48. 刘一凡，《中国当代高等教育史略》[M]，武汉：华中理工大学出版社，1991 年。

49. 温儒敏，《北京大学中文系百年图史（1910-2010)》[M]，北京：北京大学出版社，2010 年。

50. [加]许美德著，《中国大学 1895-1995：一个文化冲突的世纪》[M]，许洁英译，北京：教育科学出版社，2000 年。

51. 《燕园抒怀——北京大学国政系七四级文集（非正式出版)》[C]，2014 年。

52. [美]杜威，《人的问题》[M]，傅统先、邱椿译，上海：上海人民出版社，1965 年。

53. 陈洪捷，《德国古典大学观及其对中国的影响》[M]，北京：北京大学出版社，2006 年。

54. 《中国教育年鉴（1949-1981)》[M]，北京：中国大百科全书出版社，1984 年。

55. 中国高等教育学会组编，《改革开放 30 年中国高等教育改革亲历者口述纪实》[M]，北京：教育科学出版社，2008 年。

56. 王学珍、郭建荣，《北京大学史料第二卷（1912-1937)》[M]，北京：北

京大学出版社，2000 年。

57. 王学珍、郭建荣，《北京大学史料第四卷（1946-1948）》[M]，北京：北京大学出版社，2000 年，第 368 页。

58. 橡子、谷行，《北大往事》[M]，北京：新世界出版社，2002 年。

59. 周德昌、江月孙，《简明教育词典》[M]，广东：广东高等教育出版社，1992 年。

60. 顾明远、俞敏洪等著，刘未鸣主编，《教育改变中国》[M]，中国文史出版社，2018 年。

61. [俄]凯洛夫，《教育学》[M]，北京：人民教育出版社，1950 年。

62. 《全国高等学校实验教学改革文集》[C]，沈阳：辽宁大学出版社，1998 年。

63. 忻福良主编，《中国高等教育改革大事记（1978-1989）》[M]，上海：同济大学出版社，1991 年。

64. 《中央教育行政学院编.高等学校教学改革探讨（下册）》[M]，1986 年。

65. 《教学理论与教材教学研究文集》[C]，北京：高等教育出版社，1988 年。

66. 王炳照、阎国华，《中国教育思想通史（第六卷）》[M]，长沙：湖南教育出版社，1994 年。

67. [俄]奥夫相尼柯夫、拉祖姆内依，《简明美学词典》[M]，冯申译，北京：知识出版社，1987 年。

68. 瞿葆奎主编，《社会科学争鸣——教育学卷》[M]，上海：上海人民出版社，1992 年。

69. 蔡元培，《蔡元培美学文选》[M]，北京：北京大学出版社，1983 年。

70. 沈继英、李家兴，《面向 21 世纪的人才素质》[M]，北京：北京大学出版社，2001 年。

71. 李岚清，《李岚清教育访谈录》[M]，北京：人民教育出版社，2003 年。

72. 高平叔编，《蔡元培全集（第四卷）》[M]，北京：中华书局，1984 年。

73. [美]哈瑞·刘易斯，《失去灵魂的卓越:哈佛是如何忘记教育宗旨的》[M]，上海：华东师范大学出版社，2007 年。

74. 张楚廷,《素质:中国教育的沉思》[M],武汉:华中科技大学出版社,2001年。

75.《华人地区大学通识教育学术研讨会与会论文集》[C],香港:香港中文大学通识教育办公室出版,1997年。

76. 蔡元培,《蔡孑民先生言行录》[M],北京:北京大学出版部,1920年。

77. 蔡元培,《蔡元培教育论集》[C],长沙:湖南教育出版社,1987年。

78. 今日北大编写组,《今日北大(1993-1997年卷)》[M],北京:北京大学出版社,1998年。

79.《辞海》编辑委员会编,《辞海》[M],上海:上海辞书出版社,1999年。

80. 潘光旦,《潘光旦文集(第五卷)》[M],北京:北京大学出版社,2000年。

81. [德]马克思·韦伯,《文明的脚步:韦伯文集》[M],黄宪起译,上海:上海三联书店,1988年。

82. 刘少雪,《高等学校本科专业结构、设置及管理机制研究》[M],北京:高等教育出版社,2009年。

83. 中央教科所编,《中华人民共和国教育大事记(1949-1982)》,北京:教育科学出版社,1983年。

84. 国家教育委员会高教一司,《普通高等学校社会科学本科专业目录与专业简介》[M],武汉:武汉大学出版社,1989年。

85. 国家教育委员会高教二司,《普通高等学校本科专业目录及简介理工农林医药》[M],北京:科学出版社,1989年。

86. 国家教育委员会高等教育司,《普通高等学校本科专业目录和专业简介(1993年7月颁布)》[M],北京:高等教育出版社,1993年。

87. 教育部高等教育司,《普通高等学校本科专业目录和专业介绍》[M],北京:高等教育出版社,1998年。

88.《自然科学专题讲座》[M],北京:北京大学出版社,1997年。

89. 任彦申,《从清华园到未名湖》[M],南京:江苏人民出版社,2007年。

90. 杨承运、林建初编,《智慧的感悟——北京大学名著名篇导读》[M],北京:华夏出版社,1998年。

91. 杨承运，《燕园学思》[M]，北京：高等教育出版社，2013年。

92. 孙常炜，《蔡元培先生年谱传记：中册》[M]，台北：国史馆，1986年。

93. 姚小平，《洪堡特——人文研究和语言研究》[M]，北京：外语教学与研究出版社，1998年。

94. 李滔主编，《中华留学教育史录——1949年以后》[M]，北京：高等教育出版社，2000年。

95. 李文鑫、黄进，《跨学科人才培养的理论研究》[M]，武汉：武汉大学出版社，2004年。

96. 黄俊杰，《大学通识教育的理念与实践》[M]，武汉：华中师范大学出版社，2001年。

97. [比]希尔德·德·里德-西蒙斯，《欧洲大学史（第一卷）》[M]，张斌贤、程玉红、和震、张弛、王海芳等译，石家庄：河北大学出版社，2008年。

98. [英]杰勒德·德兰迪，《知识社会中的大学》[M]，黄建如译，北京：北京大学出版社，2019年。

99. [美]劳伦斯·维赛，《美国现代大学的崛起》[M]，栾鸾译，北京：北京大学出版社，2011年。

100. 何东昌主编，《中华人民共和国重要教育文献（1949-1979)》[M]，海南出版社，1998年，第8页。

101. 蔡元培，《蔡元培教育论著选》[M]，北京：人民教育出版社，1991年。

102. 哈佛委员会，《哈佛通识教育红皮书》[M]，北京：北京大学出版社，2010年。

103. 璩鑫圭、唐良炎，《中国近代教育史资料汇编——学制演变》[M]，上海：上海教育出版社，1991年。

（三）期刊及学位论文

1. 王生洪，〈追求大学教育的本然价值——复旦大学通识教育的探索与实践〉[J]，《复旦教育论坛》，2006年第5期。

2. 俞信，〈对素质和人才培养模式的基本认识〉[J]，《工程教育研究》，1997年第4期。

3. 曾冬梅、黄国兴,〈人才培养模式改革的动因、层次与含义〉[J],《高等工程教育研究》,2003 年第 1 期。

4. 李志义,〈谈高水平大学如何构建本科培养模式〉[J],《中国高等教育》,2007 年第 15 期。

5. 龚怡祖,〈略论大学培养模式〉[J],《高等教育研究》,1998 年第 1 期。

6. 杨杏芳,〈论我国高等教育人才培养模式的多样化〉[J],《高等教育研究》,1998 年第 6 期。

7. 张晓鹏,〈美国大学创新人才培养模式探析〉[J],《中国大学教学》,2006 年第 3 期。

8. 吴伟、邹晓东、陈汉聪,〈德国创业型大学人才培养模式探析——以慕尼黑工业大学为例〉[J],《高教探索》,2011 年第 1 期。

9. 伍红林,〈21 世纪初日本高等教育本科人才培养模式变革探析〉[J],《现代教育科学》,2005 年第 1 期。

10. 张胤,〈论研究型大学本科人才培养模式的特点〉[J],《清华大学教育研究》,2008 年第 2 期。

11. 付景川、姚岚,〈研究型大学本科人才培养模式：问题及改进策略〉[J],《教育研究》,2010 年第 6 期。

12. 徐理勤、顾建民,〈应用型本科人才培养模式及其运行条件探讨〉[J],《高教探索》,2007 年第 3 期。

13. 王青林,〈关于创新应用型本科人才培养模式的若干思考〉[J],《中国大学教学》,2013 年第 6 期。

14. 刘丽梅、姜玉平,〈苏联专家与新中国建立初期高等工科人才培养模式的确立——以交通大学为例〉[J],《高等工程教育研究》,2018 年第 9 期。

15. 韩立云,〈民国时代北京大学人才培养模式研究（1917-1937）〉[D],《南京大学博士论文》,2013 年。

16. 鲁洁,〈通识教育与人格陶冶〉[J],《教育研究》,1997 年第 4 期。

17. 梅贻琦,〈大学一解〉[J],《清华学报》,1941 年第 1 期。

18. 李曼丽,〈再论面向 21 世纪高等本科教育观——通识教育与本科教育相结合〉[J],《清华大学教育研究》,2000 年第 1 期。

19. 李诚钧，〈试论大学专业教育与通识教育的关系〉[J]，《中国高教研究》，
2002 年第 3 期。

20. 陈向明，〈从北大元培计划看通识教育与专业教育的关系〉[J]，《北京大
学教育评论》，2006 年第 3 期。

21. 周光礼，〈论高等教育的适切性——通识教育与专业教育的分歧与融合
研究〉[J]，《高等工程教育研究》，2015 年第 2 期。

22. 杨叔子、余东升，〈文化素质教育与通识教育之比较〉[J]，《高等教师研
究》，2007 年第 6 期。

23. 王义道，〈大学通识教育与文化素质〉[J]，《北京大学教育评论》，2006 年
第 3 期。

24. 王义道，〈文化素质教育与通识教育关系的再认识〉[J]，《北京大学教育
评论》，2009 年第 3 期。

25. 杨叔子、余东升，〈文化素质教育与通识教育之比较〉[J]，《高等教育研
究》，2007 年第 6 期。

26. 曹莉，〈关于文化素质教育与通识教育的辩证思考〉[J]，《清华大学教育
研究》，2007 年第 2 期。

27. 李克安，〈元培计划与通识教育〉[J]，《复旦教育论坛》，2006 年第 1 期。

28. 乐毅，〈复旦本科通识教育改革的经验及启示——核心课程、讨论课、助
教制〉[J]，《理工高教研究》，2008 年第 2 期。

29. 苏芃、李曼丽，〈基于 OBE 理念，构建通识教育课程教学与评估体系——
以清华大学为例〉[J]，《高等工程教育研究》，2018 年第 3 期。

30. 洪明，〈台湾的通识教育〉[J]，《高等工程教育研究》，1997 年第 4 期。

31. 冯增俊，〈中国台湾高等学校通识教育探析〉[J]，《比较教育研究》，2003
年第 12 期。

32. 陈卫平、刘梅龄，〈香港中文大学的通识教育及启示〉[J]，《高等教育研
究》，1987 年第 7 期。

33. 冯增俊，〈香港高校通识教育初探〉[J]，《比较教育研究》，2004 年第 8
期，第 66-70 页

34. 徐辉、季诚钧，〈中国大陆、香港、台湾地区高校通识教育之比较〉[J]，

《比较教育研究》，2004 年第 8 期。

35. 庞海芍，〈台湾高校的通识教育及其对大陆高校文化素质教育的启示〉[J]，《教育与职业》，2010 年第 2 期。

36. 杨东平，〈中国高等教育的苏联模式——关于 1952 年的院系调整〉[J]，《东方》，1994 年第 3 期。

37. 黄福涛，〈苏联高等教育模式形成的历史考察〉[J]，《清华大学教育研究》，2002 年第 5 期。

38. 吴全华，〈我国教育改革发展须祛除的苏联模式〉[J]，《教育现代化》，2015 年第 2 期。

39. 姚启和，〈艰难的抉择：突破苏联教育模式〉[J]，《高等教育研究》，1994 年第 2 期。

40. 陈向明，〈对通识教育有关概念的辨析〉[J]，《高等教育研究》，2006 年第 3 期。

41. 陈向明，〈大学本科通识教育实践研究〉[J]，《大学研究与评价》，2008 年第 4 期。

42. 陈向明，〈美国哈佛大学本科课程体系〉[J]，《外国教育资料》，1996 年第 5 期。

43. 陈向明，〈美国哈佛大学本科课程体系的四次改革浪潮〉[J]，《比较教育研究》，1997 年第 3 期。

44. 陈向明、李文利、崔艳红、宋映泉，〈综合大学理科人才素质与课程体系研究〉[J]，《高等教育研究》，1997 年第 1 期。

45. 陈向明、宋映泉、李春燕、丁延庆、李文利，〈我国的人才市场需要什么样的大学毕业生〉[J]，《高等教育研究》，1998 年第 1 期。

46. 卢晓东，〈本科生院是一流本科教育组织模式变革的重要方向〉[J]，《中国大学教学》，2017 年第 4 期。

47. 冯倩倩、曹宇、邱小立，〈从通选课到通识教育核心课——北京大学通识教育选修课的建设与发展〉[J]，《北京教育》（高教），2016 年第 4 期。

48. 刘云杉，〈自由选择与制度选拔：大众高等教育下的精英培养〉[J]，《北京大学教育评论》，2017 年第 4 期。

49. 石中英，〈自由教育三题〉[J]，《湖南师范大学教育科学学报》，2003 年第 2 期。

50. 陈汉强、郭思霖、胡世君、匡德花、杨倩、翁海霞、辛东亮、康亚华、朱瑜瑜译，王璞校，〈耶鲁报告（一）〉[J]，《国际高等教育研究》，2008 年第 1 期。

51. 李猛，〈在研究与教育之间：美国研究型大学兴起的本科学院问题〉[J]，《北京大学教育评论》，2017 年第 10 期。

52. 张冲，〈大学本科通识教育的他山之石——评哈佛大学与哥伦比亚大学本科通识课程体系之争〉[J]，《复旦教育论坛》，2011 年第 1 期。

53. 刘立园、宇文彩，〈哥伦比亚大学的通识教育及其启示〉[J]，《吉林省教育学院学报》，2015 年第 4 期。

54. 张海生，〈赫钦斯通识教育思想及其实践〉[J]，《扬州大学学报（高教研究版）》，2015 年第 4 期。

55. 王晓阳、曹盛盛，〈美国大学通识教育模式、挑战及对策〉[J]，《中国高教研究》，2015 年第 4 期。

56. 陈小红，〈通识教育课程模式的探讨〉[J]，《复旦教育论坛》，2010 年第 5 期。

57. 黄福涛，〈高等学校专业教育：历史与比较的视角〉[J]，《清华大学教育研究》，2016 年第 3 期。

58. 谢德渤，〈专业教育的世界模式与中国抉择——以高等教育基本命题的分析与开拓为中心〉[J]，《复旦教育论坛》，2016 年第 4 期。

59. 胡晓钦，〈从传统到现代：纽曼、怀特海、阿什比大学理念比较研究〉[J]，《江苏高教》，2006 年第 3 期。

60. 曾昭伦，〈高等学校的专业设置问题〉[J]，《人民教育》，1952 年第 9 期。

61. 《北京大学历史系修订教学计划的总结报告》[J]，《高等教育通讯》，1953 年第 9 期。

62. 张健，〈略谈高等学校学习苏联先进经验的总结〉[J]，《人民教育》，1955 年第 2 期。

63. 谢雪峰，〈对苏联高等教育模式评价中若干问题的思考——兼以纪念刘

一凡教授〉[J],《武汉体育学院学报》,2005 年第 3 期。

64. 付克,〈苏联大学生的实验实习工作〉[J],《人民教育》,1952 年第 12 期。

65. 李旭,〈"文化大革命"中的"教育革命"〉[J],《党史博览》,2004 年第 9 期。

66. 清华大学工人、解放军毛泽东思想宣传队,〈为创办社会主义理工科大学而奋斗〉[J],《红旗》,1970 年第 8 期。

67. 忻复丹,〈破坏文科教育革命的一面黑旗——揭批"四人帮"炮制的"结合战斗任务组织教学"〉[J],《人民教育》,1978 年第 1 期。

68. 刘道玉,〈论大学本科课程体系的改革〉[J],《高教探索》,2009 年第 1 期。

69. 曹孚,〈杜威批判引论（上篇）〉[J],《人民教育》,1950 年第 6 期。

70. 李新柳,〈为使学校成为无产阶级专政的工具而奋斗〉[J],《教育革命通讯》,1975 年第 1 期。

71. 朱九思,〈往事重提〉[J],《高等教育研究》,1999 年第 20 卷第 1 期。

72. 马赛、郝智秀,〈学分制在哈佛大学创立和发展的历史轨迹——兼论美国学分制产生的发展的社会背景〉[J],《高教探索》,2009 年第 1 期,第 70-75 页。

73. 熊倪康,〈我们的北大往事〉[J],《现代计算机（普及版）》,2008 年第 6 期。

74. 王义道,〈七十年大学变革亲历记〉[J],《北京教育》,2019 年第 10 期。

75. 丁石孙,〈问题在于把教育放在什么位置〉[J],《群言》,1988 年第 12 期。

76. 王义道,〈跟着丁校长办北大（上）〉[J],《北京教育（高教版）》,2017 年第 1 期。

77. 王义道,〈跟着丁校长办北大（下）〉[J],《北京教育（高教版）》,2017 年第 2 期。

78. 王义道,〈理科毕业生到工矿企业后管理部门工作大有可为〉[J],《中国高等教育》,1989 年第 4 期。

79. 柯政，〈不分文理科的历史经验、潜在风险及政策建议〉[J]，《教育发展研究》，2015 年第 35 卷第 24 期。

80. 米禄、洪新，〈高校应届毕业生下基层锻炼是培养干部的重要措施〉[J]，《瞭望》，1989 年第 47 期。

81. 周远清，〈加强文化素质教育，提高高等教育质量（周远清在 1995 年 9 月加强高等学校文化素质教育试点工作研讨会上的讲话）〉[J]，《教育与教材研究》，1996 年第 2 期。

82. 叶朗，〈谈谈人文教养和人文学科〉[J]，《中国高等教育》，1996 年第 3 期。

83. 王义遒、闵维方、史守旭，〈美国高等教育的现状与发展趋势——美国大学访问见闻与思考〉[J]，《辽宁高等教育研究》，1995 年第 9 期。

84. 吴树青，〈面向 21 世纪中国高等教育的思考〉[J]，《中国高教研究》，1996 年第 3 期。

85. 冯向东，〈学科、专业建设与人才培养〉[J]，《高等教育研究》，2002 年第 5 期。

86. 郭雷振，〈我国高校本科专业目录修订的演变——兼论目录对高校专业设置数量的调节〉[J]，《现代教育科学》，2013 年第 2 期。

87. 卢晓东、刘雨，〈1993-1996：北京大学教学计划修订回顾〉[J]，《高等教育研究》，1998 年第 1 期。

88. 王义遒、金顶兵，〈文化素质教育问题几个问题的再探讨〉[J]，《高等理科教育》，1997 年第 11 期。

89. 王义遒、羌笛、卢晓东，〈关于开展和加强跨学科研究和教学〉[J]，《高等理科教育》，1995 年第 3 期。

90. 陈来、舒炜，〈北京大学"元培计划"实验的回顾与分析〉[J]，《开放时代》，2006 年第 3 期。

91. 金顶兵，〈中国制度环境下本科学生自主选择专业的探索与实践——北京大学元培计划实验班的案例分析〉[J]，《高等教育研究》，2006 年第 9 期。

92. 〈北京大学落实科教兴国战略，培养高素质创新人才〉[J]，《北京高教》，2000 年第 2 期。

93. 清华大学，〈一个具有战略性的经验〉[J]，《教育革命通讯》，1974 年第 12 期。

94. 洪堡、陈洪捷译，〈论柏林高等学术机构的内部和外部组织〉[J]，《高等教育论坛》，1987 年第 1 期。

95. 汪厚基、宋映泉，〈北京大学的理学试验班〉[J]，《现代特殊教育》，1996 年第 12 期。

96. 潘光旦，〈论教育的更张〉[J]，《新路》，1948 年 1 月第 10 期。

97. 张男星，〈俄罗斯高等教育体制变革研究〉[D]，《华东师范大学》，2002 年。

98. 谢德渤，〈专业教育的世界模式与中国抉择——以高等教育基本命题的分析与开拓为中心〉[J]，《复旦教育论坛》，2016 年第 14 卷第 2 期。

99. 韩延伦，〈大学生文化素质教育课程设计研究〉[D]，《华东师范大学》，2003 年。

100. 罗杰·L·盖格、刘红燕，〈美国高等教育的十个时代〉[J]，《北京大学教育评论》，2016 年第 4 期。

101. 周全华，〈"文化大革命"中的"教育革命"〉[D]，《中央党校》，1997 年。

（四）其他文献

1. 张亚群，《什么是好的通识教》[EB/OL]，[2016-05-10]，http://edu.people.com.cn/n1/2016/0510/c1053-28337785.html。

2. 卢晓东，《我们为什么提倡通识教育？》[N]，《北京日报》，2010-05-05（15）。

3. 《为实现全国综合大学会议的决议而奋斗》[N]，《人民日报》，1953-10-15。

4. 《中国人民大学的教研室工作》[N]，《人民日报》，1951-03-30（3）。

5. 《中华人民共和国高等学校章程草案》[Z]，《高教部文件》，1956-05。

6. 《关于教育工作的指示》[Z]，《中共中央、国务院文件》，1958-09。

7. 《驻北京大学工人、解放军毛泽东思想宣传队.文科要把整个社会作为自己的工厂》[N]，《人民日报》，1971-06-19。

8. 《学校是工厂，工厂也是学校——北京大学电子仪器厂实行教学、生产、

科研三结合新体制调查》[N]，《人民日报》，1976-07-15。

9. 《关于 1977 年高等学校恢复招生工作的意见》[N]，《中国档案报》，2014-10-16（4）。

10. 《北京大学研究所简章》[N]，《北京大学日刊》，1917-11-16。

11. 《北京大学研究生院招生简章》[N]，《北京大学日刊》，1932-7-16。

12. 《北京大学研究生招生情况》[N]，《北京大学校刊》，1957-02-21。

13. 周培源，《访美有感——关于高等教育改革的几个问题》[N]，《人民日报》，1981-04-02。

14. 《中共中央关于经济体制改革的决定》（中国共产党第十二届中央委员会第三次全体会议一九八四年十月二十日通过）[EB/OL]，[2018-10-12]，http://cpc.people.com.cn/GB/64162/64168/64565/65378/4429522.html。

15. 《中华人民共和国国务院公报》[Z]，1985 年 8 月。

16. 《新职业折射社会演进趋势》[EB/OL]，[2018-12-30]，http://www.sohu.com/a/328557341_120044375。

17. 《高翔：八十年代的北大演讲团》[EB/OL]，[2018-11-22]，http://www.sohu.com/a/276987179_302111。

18. 王义遒，《关于学科建设讨论的总结报告（摘要）》[N]，《北京大学校刊》，1992-09-10。

19. 王义遒，《关于高等理科教育改革的几点看法》[N]，《中国教育报》，1990-08-28。

20. 《文汇报邀请教育学心理学界部分人士座谈，探讨教育学中的美育问题》[N]，《文汇报》，1961-5-20。

21. 赵紫阳，《关于第七个五年计划的报告——1986 年 3 月 25 日在第六届全国人民代表大会第四次会议上的讲话》[EB/OL]，[2018-10-22]，http://www.npc.gov.cn/wxzl/gongbao/2000-12/06/content_5001763.htm。

22. 《北大校刊》[N]，1993-03-28。

23. 江泽民，《加快改革开放和现代化建设步伐夺取有中国特色社会主义事业的更大胜利——江泽民在中国共产党第十四次全国代表大会上的报告》[EB／OL]，[2016-12-01]，http://cpc.people.com.cn/GB/64162/134902/

8092276.html。

24. 《中共中央、国务院关于加速科学技术进步的决定》[EB/OL]，[2018-10-29]，http://www.most.gov.cn/ztzl/jqzzcx/zzcxcxzzo/zzcxcxzz/zzcxgncxzz/200512/t20051230_27321.htm。

25. 《中国教育改革和发展纲要（1993）》[EB/OL]，[2018-10-29]，http://www.moe.gov.cn/jyb_sjzl/moe_177/tnull_2484.html。

26. 《北大要成为世界第一流的高等学府——北京大学校长丁石孙谈办学目标和指导思想》[N]，《光明日报》，1986-09-12。

27. 王义道，《发扬北大传统，肩负文化使命》[N]，《北大校刊》，1993-04-20。

28. 《南京大学匡亚明学院大事记》[EB/OL]，[2018-11-25]，https://dii.nju.edu.cn/af/4f/c8268a175951/page.htm。

29. 《北大中文55级：没有哪一届比他们更完美地经历"断裂"》[EB/OL]，[2019-03-26]，http://mini.eastday.com/mobile/190326114332333.html。

30. 《江泽民在庆祝北京大学建校一百周年大会上的讲话》[EB/OL]，[2019-11-25]，http://www.moe.gov.cn/jyb_sjzl/moe_177/tnull_2475.html。

31. 江泽民，《国运兴衰系于教育教育振兴全民有责》[N]，《人民日报》，1999-06-16。

32. 《北大校刊》[N]，1960年第366期。

33. 北京大学校发[2010]27号，报请审阅《北京大学"985工程"（2010-2020年）总体规划》和《北京大学"985工程"（2010-2020年）改革方案》[Z]，2010年。

34. 北京大学校发[2016]66号，《关于印发《北京大学本科教育综合改革指导意见》的通知》[Z]，2016年。

35. 蔡元培，《去年五月四日以来的回顾与今后的希望》[N]，《晨报》，1920-05-04（五四纪念增刊）。

36. 顾明远主编，《教育大辞典》（第三卷）[Z]，上海：上海教育出版社，1991年。

37. 《北京大学哲学系简史》（非正式出版）[Z]，1994年。

二、英文文献

1. Clark, B. R. The Higher Education System: Academic Organization in Cross-national Perspective [M]. Berkley: University of California Press, 1983.

2. The Yale Report [R]. 1928.

3. John S. Brubacher. On the Philosophy of Higher Education [M]. London: Jossey-Bass Limited, 1982.

4. Leo Strauss, 'What is Liberal Education' [A]. An Introduction to Political Philosophy: Ten Essays [C]. Detroit: Wayne State University Press, 1989.

5. General education in a free society: report of the Harvard Committee [M]. Cambridge: Harvard University Press, 1946.

6. J. H. Newman. The Idea of a University Defined and Illustrated [M]. London: Thoemmes Press, 1994: 106.

7. Ben-David. J. Centers of Learning [M]. New-York: McGraw-Hill Book Company, 1977: 30.

8. Western Carolina University, General Education: A literature Review [EB/OL]. http://www.wcu.edu/WebFiles/PDFs/GenEdLitReview-Final.pdf, September 25th, 2015.

9. The American Association of Colleges and Universities. List of "promising general education models" [EB/OL]. http://www.aacu.org/resources/generaleducation/promisingmodels.cfm, April 10th, 2015.

10. Northern Illinois University, High-Impact, Integrative General Education at Northern Illinois University [EB/OL]. http://www.aacu.org/campus-model/high-impact-integrative-general-education-northern-illinois-university, Janurary 23rd, 2016.

11. Thomas. R. The Search for A Common Learning: General Education 1800-1960 [M]. New York: McGraw-hill, 1962: 13.

12. Packard .A. S. The Substance of Two Reports of the Faculty of Amherst College to the Board of Trustees, with the Doings of the Board thereon [J]. North American Review, 1829, vol. 28: 300.

13. Harvard University. General Education in A Free Society [M]. Cambridge. Mass: Harvard University Press, 1945: 52.

14. Steven Brint, Kristopher Proctor. General Education Models: Continuity and Change in the U. S. Undergraduate Curriculum, 1975-2000 [J]. The Journal of higher Education, 2009, 80 (6): 605-642.

15. Barry Latzer. Common Knowledge: the Purpose of General Education [J]. The Chronicle of Higher Education, 2004, 51 (7): 20.

16. Hutchins. R. B. The higher Learning in America [M]. New Haven Conn: Yale University Press, 1936: 63.

17. Report of the Task Force on General Education, Harvard University Faculty of arts and Sciences, 2007 [EB/OL]. http://www.fas.harvard.edu/~ssecfas/Gnneral_Education_Final_Report.pdf. Janurary 23rd, 2017.

18. Timothy. P. Cross, An Oasis of Order The Core Curriculum at Columbia College [EB/OL]. http://www.college.columbia.edu/core/. May 5th, 2017.

19. Core-curriculum [EB/OL]. http://bulletin.columbia.edu/Columbia-college/core-curriculum.May 5th, 2017.

20. Timothy P. Cross, An Oasis of order: The Core Curriculum at Columbia College [M]. New York: Columbia College, Office of the Dean, 1995.

21. Allan Bloom. The Closing of the American Mind [M]. NewYork: simon & Schuster, 1987: 243.

22. Anon. Report of the Committee on the Future of Columbia College [Z]. New York: Columbia College, 1993: 24.

23. Core Curriculum [DB/OL]. http://college.uchicage.edu/academics/college-core-curriculum. May 5th, 2017.

24. Joseph Ben Davis, Centers of Learning [M]. Piscataway: Transaction Publishers, 1977.

25. Konrad H. Jarausch, George Weisz. The Transformation of Higher Learning 1860-1930, Expansion, Diversification, Social Opening and Professionalization in England, Germany, Russia and the United States [M]. Stuttgart: Klett-

Cotta, 1982: 92-97.

26. De Witt, Nicholas. Soviet Professional Manpower: Its Education, Training, and Supply [M]. Washington, D. C.: National Science Foundation, 1955: 106-107.

27. L. Huber, From General Education to Interdisciplinary Studies [J]. Higher Education Policy, 2002 (15): 15, 19-31.

28. Herry James, Charles W. Eliot, The Man and His Beliefs [M]. New York: The Riverside Press Cambridge, 1930: 542.

29. J. C. F. von Schiller, E. M. Wilkinson, L. A. Willoughby, On the Aesthetic Education of Man. In a Series of Letters [M]. New York: Frederick Ungar, 1954: 37.

30. John S. Brubacher and Willis Rudy. Higher Education in Transition, A History of Ameri-can Colleges and Universities (1936-1976). New York: Harper & Row Publishers, 1976: 427.

附录 A　核心概念的梳理

一、通才－专才

年　代	通才与 专才的关系	通　才	专　才	
20 世纪 50 年代	要专才不要通才	大而无当、抽象的博学通才	单一的、具体的、学有所用的专门人才。	
			实质的通	实质的专
			通过科学精神达至修养。	面向国家建设，研究高深知识。
20 世纪 80 年代	绝不是培养像有的人所说的通才，而是具有坚实基础的专业人才[1]	西方普及性本科教育的培养目标，是"百科全书式的人"	学好专业，顶位上岗；打好基础，培育研究人员的素质。	
			实质的通	实质的专
			恢复对基础的重视，以塑造研究人员的素质。	为国家经济建设培养急需人才，具有顶位上岗的实际本领。
20 世纪 90 年代	大学教育不可能完全是通才教育，高等教育的目标仍是培养高等专门人才[2]	既懂数理化，又懂文史哲	本科教育要有一定的定向性。	
			实质的通	实质的专
			通过加强文理大类学科的基础、所有学科的共同基础、提升艺术修养，以及扩大知识面来塑造全面的素质，培养"两种态度和两种能力"。	面向学科的定向性和一定的职业训练。

1　《关于改进教学工作提高教学质量的几点意见》（1981）[Z]，北京大学档案馆馆藏，档号：30581008(1)。

2　《关于课程体系和教学内容改革的几点意见》[A]，王义道，《谈学论教集》[C]，北京：北京大学出版社，1997 年，第 282 页。

二、文化素质教育—全面的素质教育—通识教育

有关提法	内　涵
文化素质教育	艺术教育、中国传统文化教育、针对理科的人文素养教育
全面的素质教育	不同学科的共同基础（英语、计算机、中文、历史、数学、物理）、扩大知识面的文理互选、培养美感和想象力的艺术教育、尊重选择的任意选修
通识教育（2000-2007）	广泛涉猎、扩大知识面，学习不同学科的思想和方法（文理互选＋艺术类）
通识教育（2007-2015）	在广泛涉猎、扩大知识面，学习不同学科的思想和方法基础上，增加大类平台课，增强大类学科的共同基础
通识教育（2015-至今）	在上述基础上，再增加所有学科的共同基础，通过通识教育核心课来实现

三、专门化—专业—选修组—选修课—专门组—专门化课

年　代	名　称	内　涵
20 世纪 50-60 年代	专门化	专门化（项目）对应一组专门方向的课程和相关的科研训练，专门化项目的成果体现在学生的毕业论文中。
文化革命时期	专业	专门化项目变成了极其狭窄的专业，基础课被极度压缩。
20 世纪 80 年代	选修组（课）	由专门化项目演变而来。由于学制的限制，长学制下必修的专门化项目（包含科研训练）变成了选修组（课）。在 1982 年教学计划中规定，学生要在某一专门方向下选修一组规定的课程拼盘；1986 年教学计划中的规定变得更为灵活，学生可以从不同的选修组课中选修，但是每个选修组下必须选够固定的学分数。
"十六字方针"提出之后	专门组	在"分流培养"方针指导下，学生可根据个人志趣、学习状况、工作去向，分流选学某一个专门组的课程。为了学生适应具体的工作，在每个专门组课程中都增加了接口课的设计。
1996	专门化课	在"淡化专业"方针指导下，学生可在各个专门化开设的限制性选修课程（专门化课程）中任选，学生有极大的自由，选择不必局限在某一组专门化课程之中。学校对专门化课程学分占总学分比例的要求也进一步降低，且没有对选修专门化课程内部比例的要求。

四、学年制—学分制

年　代	教学管理制度	特　点
1952-1980 年	学年制	全部课程为必修，整齐划一但不够灵活
		教师主导
		考试与考查相结合
1981-1998 年	学分制	必修和选修相结合，具有一定的灵活性，人尽其才
		弱化教师的主导地位
		几乎所有科目都要考试

附录 B 北京大学本科专业设置的变迁 (1949～1998)

一、1949 年北京大学院系设置一览[1]

学院	学 系	备 注	学院	学 系	备 注
文学院	中国语文学系	/	医学院	医学系	/
	史学系	/		牙学系	/
	哲学系	/		药学系	/
	西方语文学系	/	工学院	机械工程学系	/
	教育学系	/		电机工程学系	/
	东方语文学系	/		建筑工程学系	1947 年新增,从北洋大学北平部合并而来
	图书馆学专修科	/		化学工程学系	
	博物馆专修科	/		土木工程学系	
法学院	政治学系	/	农学院	农艺学系	/
	法律学系	/		园艺学系	/
理学院	算学系	后改称数学系		农业化学系	/
	物理学系	/		昆虫学系	/
	化学系	/		植物病理学系	/
	地质学系	/		畜牧学系	/
	动物学系	/		兽医学系	/
	植物学系	/		森林学系	/
	医预科	/		农业经济学系	/

---

1 《北大复员纪略》(1947) [Z],北京大学档案馆馆藏,档号:BD1947020。

二、1954 年北京大学学系专业设置一览[2]

学 系	专 业	学制	学 系	专 业	学制
数学力学系	数学专业	4 年	俄罗斯语言文学系	俄语专业	4 年
	力学专业	4 年	东方语言学系	蒙古语专业	4 年
物理学系	物理学专业	4 年		朝鲜语专业	4 年
	气象专业	4 年		日本语专业	4 年
化学系	无机化学专业	4 年		越南语专业	4 年
	有机化学专业	4 年		遮罗语专业	4 年
	分析化学专业	4 年		印尼语专业	4 年
	物理化学专业	4 年		缅甸语专业	4 年
生物学	植物专业	4 年		印地语专业	4 年
	植物生理专业	4 年		阿拉伯语专业	4 年
	动物专业	4 年	西方语言文学系	德文专业	4 年
地质地理学系	自然地理专业	4 年		法文专业	4 年
中国语言文学系	中文专业	4 年		英文专业	4 年
	编辑专业	4 年	哲学系	哲学专业	4 年
历史学系	考古专业	4 年		心理学专业	4 年
	历史专业	4 年	经济学系	政治经济学专业	4 年

三、1958 年北京大学学系专业及专门化设置一览[3][4]

学 系	专 业	专门化	学 制
数学力学系	数学专业	微分方程	5 年
		函数论	5 年
		泛函分析	5 年
		几何	5 年
		代数	5 年
		数理逻辑	5 年
		概率论	5 年

2　《关于综合大学 1954 年专业设置及发展规模问题的报告》（1953）[Z]，北京大学档案馆馆藏，档号：30353002。

3　《北大关于系、专业、专门化设置的材料》[Z]，北京大学档案馆馆藏，档号：3031958003。

4　注：标粗部分为新增系和专业，均为呼应国家建设的应用学科专业。

学　系	专　业	专门化	学　制
	力学专业	流体空气动力学	5 年
		固体力学	5 年
		一般力学	5 年
	计算数学专业	**计算数学**	5 年
物理学	物理学专业	无线电物理	5 年
		电子物理	5 年
		理论物理	5 年
		光学	5 年
		金属物理磁学	5 年
		半导体物理	5 年
	气象学专业	地球物理	5 年
		气象观测与实验气象学	5 年
		天气学及动力气象	5 年
		大气物理	5 年
化学	化学专业	无机化学	5 年
		有机化学	5 年
		分析化学	5 年
		物理化学	5 年
		胶化高分子	5 年
生物学	**生物物理学专业**	辐射生物	5 年
	生物化学专业	动物生化	5 年
	动物生理学专业	/	5 年
	动物学专业	脊椎动物	5 年
		昆虫学	5 年
	植物生理学专业	植物生理	5 年
		微生物	5 年
	植物学专业	高等植物	5 年
地质地理学	**地球化学专业**	稀有元素	5 年
		岩浆岩-岩浆矿床	5 年
	地质学专业	构造地质	5 年
		古生物地质	5 年

学　系	专　业	专门化	学　制
	地貌学专业	/	5 年
	自然地理学专业	中国自然地理	5 年
		生物地理	5 年
	经济地理学专业	中国经济地理	5 年
		外国经济地理	5 年
中国语言文学	汉语言文学专业	语言	5 年
		文学	5 年
	新闻专业	/	5 年
历史学	历史学专业	中国古代史	5 年
		中国近现代史	5 年
		世界古代史	5 年
		世界近现代史	5 年
	考古专业	亚非史	5 年
哲学	哲学专业	/	5 年
	心理学专业	/	5 年
经济学	政治经济学专业	/	5 年
法律学	法律学专业	/	5 年
图书馆学	图书馆学专业	/	4 年
东方语言文学	日本语专业	/	5 年
	阿拉伯语专业	/	5 年
	印地语专业	/	5 年
	朝鲜语专业	/	5 年
	蒙古语专业	/	5 年
	越南语专业	/	5 年
	印尼语专业	/	5 年
	泰语专业	/	5 年
	缅甸语专业	/	5 年
西方语言文学	英语语言文学专业	/	5 年
	德语语言文学专业	/	5 年
	法语语言文学专业	/	5 年
俄罗斯语言文学	俄罗斯语言文学专业	/	5 年

四、1963 年北京大学学系专业及专门组设置一览[5][6][7]

学　系	专　业	专门组	学　制
数学力学系	数学专业	数论	5.5 年
		代数	5.5 年
		拓扑	5.5 年
		几何	5.5 年
		函数论	5.5 年
		泛函分析	5.5 年
		微分方程	5.5 年
		概率论和数理统计	5.5 年
	计算数学专业	演算数学	5.5 年
	力学专业	流体力学	6 年
		固体力学	6 年
		一般力学	6 年
物理学系	物理学专业	理论物理	6 年
		光学	6 年
		磁学	6 年
		半导体物理	6 年
		金属物理	6 年
技术物理系[8]	原子核物理学专业	原子核物理	6 年
		电物理	6 年
	放射化学专业	放射化学	6 年
无线电电子学系	无线电物理学专业	无线电物理	6 年
		波谱学和量子电子学	6 年

5　《呈报我校专业、专门组调整意见》（1963）[Z]，北京大学档案馆馆藏，档号：30363003。

6　注：当时有人认为专门化的"化"是动词，不合适，于是改译为专门组。从专门化到专门组，内涵未发生变化。（来源于访谈者 A-1，访谈时间：2018-06-10）

7　注：标粗部分为新增学系和专业。

8　注：技术物理系、无线电电子学系、地球物理学系由物理系分离而来，当时为北京大学争取到了许多的国防科研经费，缓解了北京大学作为文理科综合性大学的经费紧张状况。

学 系	专 业	专门组	学 制
	电子物理学专业	电子物理	6 年
	声学专业	水声学	6 年
	计算技术专业	计算技术	6 年
地球物理学系	地球物理学专业	地球物理	6 年
		高空物理和空间物理	6 年
	大气物理学专业	大气物理	6 年
	气象学专业	天气学和动力气象学	6 年
化学系	化学专业	无机化学	6 年
		分析化学	6 年
		有机化学	6 年
		物理化学	6 年
		胶体化学	6 年
		高分子化学	6 年
		稳定同位素化学	6 年
		有机催化	6 年
生物学系	动物学专业	动物遗传学和细胞学	6 年
		昆虫学	6 年
	动物生理学专业	动物生理学	6 年
	植物学专业	植物形态学	6 年
	植物生理学专业	植物生理学	6 年
	生物化学专业	生物化学	6 年
	生物物理学专业（试办）	生物物理	6 年
		放射生物学	6 年
地质地理系	地质学专业	构造地质学	6 年
	古生物学专业	古脊椎动物学	6 年
	地球化学专业	岩石矿物	6 年
		地球化学	6 年
	自然地理学专业	自然地理学	6 年
	地貌学专业	地貌学	6 年
	经济地理学专业	经济地理学	5 年

学　系	专　业	专门组	学　制
中国语言文学系	中国文学专业	/	5 年
	古典文献专业	/	5 年
历史学系	中国史专业	中国古代史	5 年
	中国史专业	中国近现代史	5 年
	世界史专业	欧美史	5 年
		亚非史	5 年
	考古专业	/	5 年
哲学系	哲学专业	/	5 年
	心理学专业	/	5 年
经济学系	政治经济学专业	/	5 年
	世界经济专业	/	5 年
政治系[9]	**政治学专业**	/	5 年
法律学系	法律学专业	/	5 年
图书馆学系	图书馆学专业	/	5 年
东方语言文学系	日本语专业	/	5 年
	阿拉伯语专业	/	5 年
	朝鲜语专业	/	5 年
	蒙古语专业	/	5 年
	越南语专业	/	5 年
	印地语专业	/	5 年
	泰语专业	/	5 年
	缅甸语专业	/	5 年
西方语言文学系	英语语言文学专业	/	5 年
	德语语言文学专业	/	5 年
	法语语言文学专业	/	5 年
	西班牙语专业	/	5 年
俄罗斯语言文学系	俄罗斯语言文学专业	/	5 年

9　注：1960 年新增，以原马列主义教研室为基础，最早一批学生由中文、历史、法律系抽调转入（参见，《北大校刊》[N]，1960 年第 366 期）。

五、1973 年北京大学学系专业设置一览[10] [11]

学　系	专　业	学制	专业简介
数学力学	数学	3 年	掌握必要的数学基础和计算技能，能运用数学工具解决自然科学、工程技术和国民经济中某一方面的实际问题。
	计算数学	3 年	包括计算方法和程序设计两个方向。
物理学	理论物理	4 年	学习理论物理的基础知识，对核物理实验有一定的了解。
	低温物理	3 年	学习超导电性物理和低温物理实验技术。
	激光	3 年	学习激光物理的基本理论和激光技术知识，初步掌握激光方面的基本实验技术。
	磁学	3 年	学习磁学的基本理论和实验技术。
化学	高分子化学	3 年	侧重学习高分子方面的有关基本理论和实验方法。
	催化	3 年	侧重学习催化方面的有关基本理论和实验方法。
	物理化学	3 年	侧重学习物理化学方面的有关基本理论和实验方法。
生物学	人体及动物生理	3 年	学习生理学的基本知识，能从事生理科学实验以及生理学有关的实际工作。
	植物生理生化	3 年	联系农业生产实际，学习、掌握植物生理生化的基本理论及实验技术。
	微生物生物化学	3 年	掌握微生物学及生物化学的基本理论和知识，侧重于微生物育种，发酵生物化学分析制备及代谢方面的实验。
	昆虫学	3 年	联系农业生产实际，学习昆虫学基本理论与知识。
地球物理学	地球物理	3 年	学习地震、地磁地电、重力等基础理论知识，能进行地震预报的综合分析。
	大气物理	3 年	学习气象基础理论知识，能从事云雾物理、卫星气象探测和大气湍流扩散等方面的实际工作。
	气象	3 年	研究大气运动规律以及天气系统和天气过程的发生发展的物理机制。
	空间物理	3 年	学习高层大气结构、电离层物理和地球外层空间物理方面的知识。
地质地理学	自然地理	3 年	学习自然地理基本知识，掌握自然环境、自然资源的调查研究方法与有关实验技术。

10 《北京大学专业简介》（1973）[Z]，北京大学档案馆馆藏，档号：3031976006。
11 注：几乎所有的专门化都变成了专业，过窄的专业方向就是从这一时期开始的。

学　系	专　业	学制	专业简介
	地貌学	3 年	学习、掌握地貌学与第 4 纪地质学的基础理论和基本工作方法。
	古生物地层	3 年	主要研究地质时期中保存的各种生物化石、用以划分和对比地层，恢复古环境，指导寻找矿产资源。
中文	文学	3 年	掌握马列主义、毛泽东思想的基本观点，能从事文艺创作、文艺评论和文字宣传工作。
	汉语	3 年	具有汉语基础知识和实际工作能力，能从事中外汉语教学、辞典编纂、文字改革等工作。
	新闻	3 年	掌握一定的新闻理论和新闻业务知识以及调查研究的能力，能从事新闻工作和其他文字宣传工作。
哲学	哲学	3 年	掌握马、恩、列、斯、毛主席哲学思想的基本理论，具有一定的分析问题解决 3 大革命中实际问题的能力。
经济学	政治经济学	3 年	掌握马列主义、毛泽东思想的基本观点和专业的基本知识，能从事马克思注意政治经济学的理论宣传和研究工作。
	世界经济	3 年	掌握基本观点、基本知识，能从事世界经济理论宣传和研究工作。
历史学	中国史	3 年	掌握马列主义、毛泽东思想的基本观点，侧重学习中共党史和中国古代史，能运动历史科学从事理论宣传工作和研究工作。
	世界史	3 年	掌握基本观点，侧重学习国际共产主义运动史和民族解放运动史，能从事反帝反修的理论宣传工作和研究工作。
	考古	3 年	掌握基本观点，学习历史考古知识和考古技能，能从事文物考古研究工作。
国际政治	国际政治	3 年	本专业侧重在国际共产主义运动和民族解放运动两个方面。要求掌握马列主义、毛泽东思想基础理论，具有国际阶级斗争的基本知识。
图书馆学	图书馆学	2 年	掌握马列主义、毛泽东思想的基本观点，学习图书馆学的基本知识，具有一定的分析和解决大型和专业图书馆工作实际的能力。
东语	阿拉伯语	4 年[12]	能较熟练地运用外语宣传马列主义、毛泽东思想、具有分析问题和解决问题的能力，能从事口、笔译和教学工作。
	日本语	3 年	
西语	英语	3 年	

---

12 注：因阿拉伯语较难学，故学制定为 4 年。

学　系	专　业	学制	专业简介
	德语	3 年	
	法语	3 年	
	西班牙语	3 年	
俄语	俄语	3 年	

六、1973 年北京大学学系专业设置一览（汉中分校[13]）[14]

学　系	专　业	学制	专业简介
技术物理	原子核物理	3 年	学习核物理基本知识和核实验技术
	放射化学	3 年	侧重学习放射化学有关基本理论知识和实验方法
无线电电子学	无线电	3 年	学习无线电有关基本知识和实验技术
	半导体	3 年	学习半导体有关基本知识和实验技术
力学	力学	3 年	学习力学有关基本知识和实验技术

七、1979 年北京大学本科学系专业设置一览[15][16]

学　系	专　业	选修组	学　制
数学系	数学	数论及代数	4 年
		几何及拓扑	4 年
		函数论及泛函分析	4 年
		微分方程	4 年
		概率论及数理分析	4 年
	应用数学	应用数学	4 年
		信息论	4 年
	计算数学	微分方程的计算方法	4 年
		数值代数与最优化	4 年
		数值逼近	4 年
力学系	力学	/	4 年

---

13 注：汉中分校，北京大学 1962 年为备战而建立的尖端机密专业的办学点，因搞文化大革命没有完全搬迁。

14 《北京大学专业简介》（1973）[Z]，北京大学档案馆馆藏，档号：3031976006。

15 《北京大学 1979 年专业介绍》（1979）[Z]，北京大学档案馆馆藏，档号：3031979013。

16 注：继续新增应用学科专业，许多新增专业均是从之前专业中衍生、合并而来。

学　系	专　业	选修组	学　制
物理学系	物理学	理论物理	4 年
		激光物理	4 年
		半导体物理	4 年
		金属物理	4 年
		低温物理	4 年
		磁学	4 年
技术物理系	原子核物理学	/	4 年
	放射化学	/	4 年
无线电电子学系	物理学	电子物理	4 年
		波谱学及量子电子学	4 年
	无线电物理学	/	4 年
	声学	水声学	4 年
地球物理学系	地球物理学	/	4 年
	大气物理学	/	4 年
	气象学	/	4 年
	空间物理学	/	4 年
	天体物理学	/	4 年
化学系	化学	无机化学	4 年
		分析化学	4 年
		有机化学	4 年
		物理化学	4 年
		胶体化学	4 年
		催化化学	4 年
		高分子化学	4 年
		稳定同位素化学	4 年
生物学系	植物学	/	4 年
	动物学	昆虫学	4 年
	植物生理学	/	4 年
	生理学	/	4 年
	生物化学	/	4 年
	细胞生物学	/	4 年

学　系	专　业	选修组	学　制
	生物物理	/	4 年
	遗传学	/	4 年
地质学系	构造地质学及地质力学	/	4 年
	地震地质学	/	4 年
	古生物及地层学	/	4 年
	岩矿及地球化学	地球化学	4 年
		矿物岩石学	4 年
		矿床学	4 年
地理学系	自然地理学	环境学	4 年
		自然资源	4 年
		地生态学	4 年
	地貌及第四纪学	/	4 年
	经济地理学	区域及城市规划	4 年
计算机科学技术系[17]	计算机软件	/	4 年
	计算机系统结构	/	4 年
	微电子学	/	4 年
心理学系	心理学	/	4 年
中国语言文学系	文学	/	4 年
	汉语	/	4 年
	古典文献	/	4 年
历史学系	中国史	/	4 年
	世界史	/	4 年
	考古	/	4 年
哲学系	哲学	/	4 年
经济学系	政治经济学	/	4 年
	世界经济	/	4 年
法律学系	法律学	/	4 年
	国际法	/	4 年

17 由数学力学系计算数学专业软件专门化、无线电系计算机技术专业和物理系半导体专业合并而来（参见今日北大编写组，《今日北大（1993-1997）》[M]，北京：北京大学出版社，1998 年，第 21 页。

学　系	专　业	选修组	学　制
国际政治系	国际政治	/	4 年
	国际共产主义运动	/	4 年
图书馆学系	图书馆学（文、理）	/	4 年
西方语言文学系	英语语言文学	/	4 年
	法语语言文学	/	4 年
	德语语言文学	/	4 年
	西班牙语语言文学	/	4 年
	印地语言文学	/	4 年
东方语言文学系	印尼语言文学	/	4 年
	朝鲜语言文学	/	4 年
	阿拉伯语言文学	/	4 年
	缅甸语言文学	/	4 年
	泰国语言文学	/	4 年
	蒙古语言文学	/	4 年
	越南语言文学	/	4 年
	波斯语言文学	/	4 年
	乌尔都语言文学	/	4 年
俄罗斯语言文学系	俄罗斯语言文学	/	4 年

八、1988 年北京大学本科学系专业设置一览[18][19][20]

（院）系	专　业	学制	备　注
数学	数学	4 年	/
	计算数学及其应用软件	4 年	/
	应用数学	4 年	/
	信息科学	4 年	/
概率统计	**概率统计**	4 年	从数学系分离出来。
力学	力学	4 年	从数学系分离出来。

18　《北京大学理科专业目录整理汇总》（1988）[Z]，北京大学档案馆馆藏，档号：
　　30488001(2)。

19　杜勤、雎行严，《北京大学学制沿革 1949-1998》[M]，北京：北京大学出版社，
　　2000 年，第 263 页。

20　注：标粗部分为新增学系专业。

（院）系	专 业	学制	备 注
物理	物理学	4 年	/
地球物理	地球物理学	4 年	/
	大气物理学与大气环境	4 年	/
	天气动力学	4 年	/
	空间物理学	4 年	/
	天文学	4 年	/
技术物理	原子核物理	4 年	/
	应用化学	4 年	/
无线电	无线电电子学	4 年	/
计算机	计算机软件	4 年	/
	计算机及应用	4 年	/
	微电子学	4 年	/
化学	化学	4 年	/
生物	植物学	4 年	/
	微生物学	4 年	/
	生理学	4 年	/
	植物生理学	4 年	/
	遗传学	4 年	/
	细胞生物学	4 年	/
	生物化学	4 年	/
	生态学与环境生态学	4 年	/
地质学	岩矿地球化学	4 年	/
	构造地质学	4 年	/
	地震地质学	4 年	/
	古生物及地层学	4 年	/
城市与环境学	经济地理学	4 年	原地理系
	自然地理学	4 年	
	地貌学与第四纪地质学	4 年	
心理学	心理学	4 年	/
中文	中国文学	4 年	/
	汉语	4 年	/

（院）系	专　　业	学制	备　注
	古典文献	4 年	/
	编辑	4 年	应新闻出版署需要设立。
历史	中国史	4 年	/
	世界史	4 年	/
考古	考古	4 年	从历史系分离出来。博物馆
	博物馆学	4 年	学专业是应文化部需要设立。
哲学	哲学	4 年	/
	逻辑学	4 年	/
	宗教学	4 年	/
国际政治	国际政治	4 年	/
	国际共产主义运动	4 年	/
经济（学院）	经济学	4 年	1985 年由学系改为学院。
国际经济	国际经济	4 年	/
	国际金融	4 年	/
经济管理	国民经济管理	4 年	/
	企业管理	4 年	/
	财务学	4 年	/
法律	法律学	4 年	/
	经济法	4 年	/
	国际法	4 年	/
图书情报	图书馆学	4 年	/
	科技情报学	4 年	/
社会学	社会学	4 年	/
	社会工作与管理	4 年	应民政部需要设立。
政治学与行政管理	政治学	4 年	1988 年恢复（原政治系）。
	行政管理学	4 年	
东方学	蒙古语言文化	4 年	/
	朝鲜语言文化	4 年	/
	日本语言文化	4 年	/
	越南语言文化	4 年	/
	泰国语言文化	4 年	/

（院）系	专 业	学制	备 注
	缅甸语言文化	4 年	/
	印度尼西亚语言文化	4 年	/
	菲律宾语言文化	4 年	/
	印度语言文化（印地语）	4 年	/
	印度语言文化（梵文、巴利文）	4 年	/
	巴基斯坦语言文化	4 年	/
	波斯语言文化	4 年	/
	阿拉伯语言文化	4 年	/
	希伯来语言文化	4 年	/
西方语言文学	法语语言文学	4 年	/
	德语语言文学	4 年	/
	西班牙语言文学	4 年	/
俄语	俄罗斯语言文学	4 年	/
英语	英语语言文学	4 年	/

九、1997 年北京大学本科院系专业设置一览[21]

院 系		专 业	备 注
数学科学学院	数学系	各学系不再设置专业	1995 年在原数学系、概率统计系的基础上成立学院。
	概率统计系		
	科学与工程计算系		
	金融数学系		
力学与工程科学系		理论与应用力学	1995 年由力学系更名而来，2006 年在此基础上重建工学院。
		结构工程	
物理学系		物理学	2001 年更名为物理学院。
地球物理学系		地球物理学	部分专业并入环境学院，部分专业并入地质与空间学院。
		大气科学	
		空间物理学	
		天文学	

21 今日北大编写组，《今日北大（1993-1997 年卷）》[M]，北京大学出版社，1998 年。

院　　系		专　　业	备　　注
技术物理系		原子核物理学与核技术	应用化学专业环境化学教研室与城市环境系于2002年成立环境学院。
		应用化学	
电子学系		信息与电子科学	2002并入信息科学技术学院。
计算机科学技术系		计算机软件	2002年在原电子学系、计算机科学技术系、信息科学中心和微电子学研究所的基础上，组建成立信息科学技术学院。
		计算机及应用	
		软件工程	
		微电子学	
化学与分子工程学院	化学系	各学系不再设置专业	1994年化学系发展成为学院。
	材料化学系		
	高分子科学与工程系		
生命科学学院	生物化学及分子生物学系	各学系不再设置专业	1993年生物学系发展成学院。
	细胞生物学及遗传学系		
	植物分子及发育生物学系		
	生理学及生物物理学系		
	环境生物学及生态学系		
	生物技术系		
地质学系		地质学	2001 年由北大地质学系、地球物理学系的相关专业、城市与环境学系相关专业组成地质与空间学院。
		构造地质学	
		岩矿地球化学	
		地震地质学	
		古生物学及地层学	
城市与环境学系[22]		城市与区域规划	/
		自然地理学	
		地貌学与第四季地质学	
		环境学	
		房地产开发与管理	
		旅游开发与管理	

22 注：2002 年与技术物理系环境化学教研室组成环境学院。

院　系		专　业	备　注
心理学系		心理学	2016 年更名为心理与认知科学学院。
		应用心理学	
中国语言文学系		中国文学	/
		汉语言学	
		古典文献	
历史学系		中国历史	/
		世界历史	
考古学系		考古学	2002 年更名为考古文博学院。
		博物馆学	
哲学系		哲学	/
		逻辑学	/
宗教学系		宗教学	1995 年成立。
国际关系学院	国际政治系	各学系不再设置专业	1996 年由原国际政治系、国际关系研究所、亚非研究所组建成学院。
	外交学与外事管理系		
	国际传播与文化交流学系		
经济学院	经济学系	各学系不再设置专业	1985 年在原经济学系基础上扩充建立学院。
	国际经济系		
	国际金融系		
	国际贸易系		
	保险学系		
光华管理学院	企业管理系	各系不再设置专业	1994 年在 1993 年成立的北大工商管理学院基础上组建而成。
	财务学系		
	会计学系		
	市场营销系		
	货币银行学系		
法律学系		法学	1999 更名为法学院。
		经济法	
		国际法	
		国际经济法	

院　系	专　业	备　注
信息管理系	科技信息（情报学）	1992 年从图书馆系更名而来。
	图书馆学	
	编辑学	
社会学系	社会学	/
	社会工作与管理	
政治学与行政管理系	政治学	2001 年更名为政府管理学院。
	行政管理学	
东方学系[23]	蒙古语言文化	/
	朝鲜语言文化	
	日本语言文化	
	越南语言文化	
	泰语语言文化	
	缅甸语言文化	
	印度尼西亚语言文化	
	菲律宾语言文化	
	印度语言文化	
	巴基斯坦语言文化	
	波斯语言文化	
	阿拉伯语言文化	
	希伯来语言文化	
西方语言文学系	法语语言文学	/
	德语语言文学	
	西班牙语语言文学	
俄罗斯语言文学系	俄罗斯语言文学	/
英语语言文学系	英语语言文学	/
艺术系	广告学	1997 年成立学系，2006 年更名为艺术学院。
	艺术学	
	文化艺术管理	
马克思主义学院	思想政治教育	1992 年组建。

23 注：2008 年所有外语专业组建成外国语学院。

附录 C　北京大学本科学制变化情况

（1949～1998）

年份	北大学制	说　明
1949-1951	4	学习英美，施行学分制，没有明确规定修业年限，只规定毕业学分数，修满即可毕业[1]。
1952	4	学习苏联，莫斯科大学学制 5.5 年，苏联一般大学学制 5 年。考虑到急需人才，北大还是将学制定为 4 年，但是教学计划发生了大变革：数理课程广度难度增加；全体学生学习课程都有硬性规定，无灵活余地；课内学时从 20-24 学时增至 26-32 学时，自学时间减少。习题课、学年论文都是从这时候开始的[2]。
1953	4	正式在教学计划中取消了学院制，只出现学系和专业[3]。拟从 1954 年开始设置专门化[4]（体现在计划中，并未开始实施）。
1954	4 / 5	教育部按照苏联模式制定了一批新教学计划，于 1954 年 8 月颁发给各高校试行，学制 4 年[5]。北大考

1　《北大复员纪略》（1947）[Z]，北京大学档案馆馆藏，档号：BD1947020。

2　沈克琦、赵凯华主编，《北大物理九十年》[M]，北京：北京大学出版社，2003 年，第 45 页。

3　杜勤、眭行严，《北京大学学制沿革 1949-1998》[M]，北京：北京大学出版社，2000 年，第 16 页。

4　杜勤、眭行严，《北京大学学制沿革 1949-1998》[M]，北京：北京大学出版社，2000 年，第 23 页。

5　杜勤、眭行严，《北京大学学制沿革 1949-1998》[M]，北京：北京大学出版社，2000 年，第 27 页。

年份	北大学制	说　明
		虑到 4 年学生负担太重，物理等理科专业开始调整为 5 年制[6]。
1955	4 / 5	教育部于 1955 年 6 月起，就综合大学学制进一步调整发布了部颁综字第 2 号、3 号等近 30 个文件，并颁布了综合大学全部专业 5 年制的教学计划。北大根据教育部规定和各年级实际，分别制定了各专业 5 年制和 4 年制的教学计划[7]。
1956	4 / 5	北大确定了各专业的专门化，于 1956-1957 学年第一学期为高年级学生开设了专门化项目[8]。
1957	5（图书馆学系除外）	"整风运动"下，调整教学计划，统一学制为 5 年，减少必修课学时数（认为必修课过多影响了专门化），增加选修课程[9]。
1958	5	大跃进开始，党中央提出：教育为无产阶级政治服务，教育与生产劳动相结合。学校提出：把北大从落后的、脱离生产的单一的教学阵地变成为先进的教学、科学研究与生产劳动的联合基地。教学计划因此发生重大变化，生产劳动和科学研究列入教学计划，成为三结合教学计划[10]。
1959	5	冒进新增 20 个专业，均由专门化改造而来[11]。
1960	6（经济地理专业除外）	由于将生产劳动和参加科研列为必修课，因而课堂学时数不够，影响教学质量，达不到培养目标的要求，学校提出延长理科学制至 6 年（文科仍为 5 年，其中图书馆专修科 4 年）[12]。

6 沈克琦、赵凯华主编，《北大物理九十年》[M]，北京：北京大学出版社，2003 年，第 45 页。

7 杜勤、睢行严，《北京大学学制沿革 1949-1998》[M]，北京：北京大学出版社，2000 年，第 27 页。

8 杜勤、睢行严，《北京大学学制沿革 1949-1998》[M]，北京：北京大学出版社，2000 年，第 32 页。

9 杜勤、睢行严，《北京大学学制沿革 1949-1998》[M]，北京：北京大学出版社，2000 年，第 39 页。

10 沈克琦、赵凯华主编，《北大物理九十年》[M]，北京：北京大学出版社，2003 年，第 52 页。

11 杜勤、睢行严，《北京大学学制沿革 1949-1998》[M]，北京：北京大学出版社，2000 年，第 47 页。

12 杜勤、睢行严，《北京大学学制沿革 1949-1998》[M]，北京：北京大学出版社，2000 年，第 50 页。

年份	北大学制	说　明
1961-1963	5（理科经济地理及所有文科专业）／5.5（数学和计算数学）／6（其他理科专业）	落实"调整、巩固、充实、提高"八字方针，改变冒进状态，重新调整教学计划（按照60年高教六十条）[13]；对于不急需或条件不足的专业和专门组停招，对于划分过细的专业和专门组进行合并；将58级部分学生改为5年制毕业（大跃进时期多招了许多基础较差的工农出身学生，这些人跟不上，提出早毕业一年）[14]。
1964-1965	5	根据毛泽东"春节指示"，再次缩短学制，减少课程，学制改为5年。（这之后，由于学生除参加生产劳动外还要参加社会主义教育运动和军事训练，教学计划又一次发生重大变革。值得注意的是，这一时期，学校领导也认为毕业生分配越来越不能对专门化的口，把所有本科生不加筛选的培养到近乎研究生的水平不符合实际，因此有必要缩短学制）[15]。
1966-1969	／	1966年6月18日，中共中央发出《关于改革高等学校招生考试办法的通知》，决定1966年高等学校招收新生的工作推迟半年[16]。
1970-1971	1（进修班，如流射技术专业）／2（如历史、中草药专业）／3（如物理组寒夜）[17]	按照"七二一指示"，70年开始从工农兵中试点招生：以典型产品带教学，厂校挂钩、开门办学，学员自己管理自己[18]。
1972	学制规定未变，但理科学制实际开始变为3.5-4年	北大革委会向北京市革委会科教组请示：从1972年度开始，理科入学后安排半年左右的时间补习中学数理化基础知识，不计入大学学制之中[19]。

---

13 杜勤、睢行严，《北京大学学制沿革 1949-1998》[M]，北京：北京大学出版社，2000年，第68页。

14 杜勤、睢行严，《北京大学学制沿革 1949-1998》[M]，北京：北京大学出版社，2000年，第57页。

15 沈克琦、赵凯华主编，《北大物理九十年》[M]，北京：北京大学出版社，2003年，第53页。

16 杜勤、睢行严，《北京大学学制沿革 1949-1998》[M]，北京：北京大学出版社，2000年，第84页。

17 杜勤、睢行严，《北京大学学制沿革 1949-1998》[M]，北京：北京大学出版社，2000年，第90页。

18 沈克琦、赵凯华主编，《北大物理九十年》[M]，北京：北京大学出版社，2003年，第65页。

19 杜勤、睢行严，《北京大学学制沿革 1949-1998》[M]，北京：北京大学出版社，2000年，第104页。

年份	北大学制	说　明
1973-1976	统一学制 3 年（图书馆学系 2 年）	拓宽专业口径，统一学制为 3 年（理科加上补习实际为 3.5-4 年）[20]。
1977-1998	统一学制为 4 年	因增加一年军事训练，1989-1992 年间，学制变为 5 年。

---

20 杜勤、睢行严，《北京大学学制沿革 1949-1998》[M]，北京：北京大学出版社，2000 年，第 109 页。

附录 D 北京大学物理系本科人才培养目标、规格及课程设置的变迁（1952~1998）

1952 年院系调整之后，因物理学科与国家建设密切相关，北大物理系被列为全校优先重点发展的系科。之后，北大物理系又因涉及国家战略国防相关的重点技术，在发展过程中分离出无线电电子系、技术物理系、地球物理系等多个系，向着应用型方向发展。20 世纪 90 年代之后，北京大学物理系被列入国家首批理科人才培养改革基地，开始探索新的历史时期基础学科人才的培养方式。可以说，物理学系本科人才培养情况的变迁是北京大学所有专业学科中极其典型代表性的。因此，本文在行文中多以物理系为例来说明北京大学本科人才培养情况的变化。这里将文中涉及的北京大学物理系本科培养目标、规格、课程设置的变迁单独列出来。

一、物理学系本科人才培养目标与规格的变迁（1952-1998）

年份	培养目标及规格
1952	培养目标：物理学研究人材，高等及中等学校的物理教师，以及到矿、厂科学研究机关的技术工作人员[1]。
1963	培养目标：物理学的教学、研究人材及其他物理学工作者。 具体要求：具有爱国主义和国际主义精神，具有共产主义道德品质，拥护共产党的领导，拥护社会主义，愿为社会主义事业服务、为人民服务；通过马

1　《北京大学物理学系的专业、专门化设置意见》（1953）[Z]，北京大学档案馆馆藏，档号：30353019。

年份	培养目标及规格
	克思列宁主义、毛泽东著作的学习，和一定的生产劳动、实际工作的锻炼，逐步树立无产阶级的阶级观点、劳动观点、群众观点、辩证唯物主义观点。巩固地掌握为深入研究物理学所必需的基础理论、基本知识、基本实验方法和技术；在此基础上，初步掌握物理学某一方面一定的专门知识和技能，了解其中的一些新成就和现代的实验方法，并获得从事科学研究的初步训练。具有运用所学知识和技能从事教学工作、研究工作和其他实际工作的初步能力。 学习两种外国语，第一外国语达到能够比较顺利地阅读专业书刊的程度；第二外国语达到能借助于辞典初步阅读专业书刊的程度。 有健全的体魄[2]。
1972	（以物理系磁学专业为例） 培养目标：要搞马克思主义，不搞修正主义，努力学习马克思主义、列宁主义、毛泽东思想，积极参加社会主义革命和社会主义建设，认真改造世界观，具有较高的阶级斗争、路线斗争和继续革命的觉悟，坚决贯彻毛主席的无产阶级革命路线，全心全意为中国人民和世界人民服务的，掌握一定的磁学基本理论知识和有关技能，具有从事磁性材料（特别是铁氧体材料）的科学实验工作和解决有关生产实际问题能力的又红又专、身体健康的劳动者[3]。
1977	培养目标：培养德、智、体全面发展又红又专的从事物理学和物理学有关的边缘学科的科学工作者。 在政治上要求：有坚定正确的政治方向，努力学习政治理论课，关心国家大事，为四个现代化而刻苦学习。热爱集体，团结互助，自觉遵守纪律和各项规章制度，树立共产主义的道德风尚。在体育上要求：上好体育课，坚持经常性的体育锻炼。 在学业上要求：用培养科学人材的方法培养学生，使学生掌握物理学专业所需要的基本理论、基本知识、基本技能和实验方法，对与本专业有关的科学技术新发展有一些了解；通过各种教学环节，培养学生获得较好的自学能力、一定的分析问题和解决问题的能力以及科学研究方法的初步训练，能用一种外语阅读专业书刊。通过四年的培养，为从事物理学各分支学科（如理论物理、原子核物理、固体物理、光学等）和与物理学有关的边缘学科（如工程技术、化学物理、生物物理等）方面的科学研究打下初步基础。学生毕业后的去向是到科学研究单位、企业部门、高等学校以及中等学校从事与物理学有关的科研、技术和教学工作，或考入研究院深造[4]。
1982	培养目标：本专业培养德、智、体全面发展的从事物理学方面的教学、科研及其他有关科学技术工作的专门人材。

2　《北京大学各系各专业教学计划》（1963）[Z]，北京大学档案馆馆藏，档号：30364021。

3　《物理的专业教育方案》（1972）[Z]，北京大学档案馆馆藏，档号：30372028。

4　《物理系四年制物理专业教学计划》（1977）[Z]，北京大学档案馆馆藏，档号：00419770002。

年份	培养目标及规格
	具体要求：坚持社会主义道路，坚持人民民主专政，坚持中国共产党的领导，坚持马列主义、毛泽东思想；具有爱国主义、国际主义精神和共产主义道德品质，树立无产阶级的阶级观点、群众观点、劳动观点和辩证唯物主义观点，遵纪守法，坚持实事求是的优良作风，全心全意为人民服务，为在我国实现社会主义现代化而努力奋斗。 掌握本专业所需要的基本理论、基本事实和基本技能；具有一定的专门知识，了解一些与本专业有关的科学技术的新发展；获得从事科学研究的初步训练；具有较强的自学能力和一定的分析问题、解决问题的能力。 能用一种外国语阅读专业书刊。 具有健全的体魄。[5]
1986	培养目标：本专业培养掌握物理学的基础理论、基本知识和基本实验技能，从事物理学或物理学有关的科研、教学和技术工作的专门人才。 具体要求：坚持社会主义道路，坚持人民民主专政，坚持中国共产党的领导，坚持马列主义、毛泽东思想；具有爱国主义、国际主义精神和社会主义道德品质；努力做到公正廉洁，遵纪守法，实事求是，勤奋严谨；勇于探索，立志改革，艰苦工作，全心全意为人民服务，为把我国建设成为高度文明的社会主义强国而奋斗。 本专业主要学习物理学的基本理论、基本知识和基本实验技能。学生应获得以下几个方面的知识和能力：1. 较扎实的物理学的基本理论和基本知识；2. 掌握物理学的基本实验方法技能；3. 具备一定的专门知识，对物理学的新发展有所了解；4. 初步具备从事科学研究工作的能力。能用一种外国语阅读书刊。具有健全的体魄。[6]
1990[7]	专业培养要求：具有坚实的数学基础知识，系统、扎实地掌握物理学的基本理论、基本知识、基本实验方法和技能。具有基础扎实、适应性强的特点和自学新知识、新技术的能力；掌握从事实验工作、技术工作所必须的技术基础，包括电子技术和计算机方面的基本知识；掌握一定专业方向的专门理论、知识和技能，受到从事基础研究或应用研究的初步训练；对物理学的新发展、近代物理学在高技术和生产中的应用以及与物理学密切相关的交叉学科和新技术的发展有所了解；有在物理及与物理有关的各个学科领域和交叉学科领域从事科学研究、应用研究、教学、新技术发展以及生产技术和管理方面工作的能力[8]。
1996	同上[9]

5　《北京大学教学计划》（1982）[Z]，北京大学档案馆馆藏，档号：3031982016。

6　《北京大学教学计划》（1986）[Z]，北京大学档案馆馆藏，档号：3031986025。

7　注：从 1990 年起，北京大学不再出现有关本科人才培养目标的表述，而只对培养规格做统一要求。

8　《各系本科教学计划》（1990）[Z]，北京大学档案馆馆藏，档号：3031990035。

9　《教学计划修订相关材料》（1996）[Z]，北京大学档案馆馆藏，档号：3031996046。

二、物理学系本科课程设置的变迁（1952-1998）

1954 年北京大学物理系物理学专业（五年制）课程设置[10]

课程名称	学　时			
	总学时	讲　授	实　验	课堂讨论，习题等
中国革命史	105	70		35
马列主义基础	140	95		45
政治经济学	140	95		45
辩证唯物论及历史唯物论	106	70		36
俄文	280			280
体育	140			140
普通化学	72	36	36	
初级机械画	51		51	
高等数学	597	351		246
数学物理方法	282	180		102
普通物理	474	320		154
普通物理实验	280		280	
中级物理实验	210		210	
电工学及无线电学基础	68	68		
无线电实验	54		54	
理论力学	140	102		38
热力学及统计物理	140	102		38
电动力学	140	102		38
量子力学	124	100		24
物理学史	64	64		
专门课程及专题讨论	364	364		
专门化实验	314		314	
学时合计	4285	2119	945	1221

---

10 沈克琦、赵凯华主编，《北大物理九十年》[M]，北京：北京大学出版社，2003 年，第 47 页。

1963 年北京大学物理学系物理学专业（六年制）课程设置[11]

课程名称	学　时			
	总学时	讲　授	实　验	课堂讨论，习题等
思想政治教育报告	180	180		
中共党史	66	66		
马列主义概论	160	160		
体育	129			129
第一外国语	288			288
第二外国语	183			183
高等数学[12]	429	281		148
数学物理方法	128	100		28
普通物理学	351	275		76
普通物理实验	318		318	
原子物理学	48	48		
原子核物理学	48	48		
无线电基础	176	96	80	
理论力学	116	88		28
热力学及统计物理	112	88		24
电动力学	112	88		24
量子力学	112	88		24
中级物理实验	160		160	
固体物理学	96	96		
化学	80	32	48	
专门组课	420-476			
必修学时合计	3292	1734	606	952
总学时合计	3712-3768			

---

11 《北京大学各系各专业教学计划》（1963）[Z]，北京大学档案馆馆藏，档号：
 　30364021。
12 注：高等数学包括数学分析、解析几何、微分方程、线性代数四门。

1963 年北京大学物理学系物理学专业（六年制）专门组课程设置[13]

课程名称	学　时		
	总学时	讲　授	实　验
金属物理学专门组			
金属学	64	64	
金属 X 射线学	74	74	
金属物理专门组实验	148		148
金属范性形变与强度	78	78	
金属物理	80	80	
金属物理专题	32	32	
半导体物理学专门组			
半导体物理	80	80	
半导体材料	64	64	
半导体器件（1）	78	78	
半导体器件（2）	32	32	
半导体物理专门组实验	150		150
半导体理论	64	64	
光学专门组			
实验光谱学	48	48	
原子光谱	48	48	
双原子分子光谱	52	52	
多原子个子光谱	48	48	
光学专门组实验	128		128
光的电磁理论	64	64	
气体导电	52	52	
磁学专门组			
铁磁学	116	116	
电磁测量	64	64	

13　《北京大学各系各专业教学计划》（1963）[Z]，北京大学档案馆馆藏，档号：
　　30364021。

课程名称	学　时		
	总学时	讲　授	实　验
磁学专门组实验（1）	64		64
磁学专门组实验（2）	52		52
金属学及 X 射线学	52	52	
铁氧体物理	48	48	
金属与合金磁性	32	32	
磁学专题	32	32	
理论物理学专门组			
高等量子力学	50	50	
特殊函数	48	48	
量子统计物理	40	40	
原子核理论	64	64	
基本粒子物理	72	72	
数学物理方法补充章节	32	32	
固体理论	66	66	
群论	48	48	

1972 年北京大学物理学系磁学专业（三年制）课程设置[14]

课程名称	学　时				
	总学时	讲　课	实　验	自　学	实践及其他
政治理论课	819	819			
军体课	702	234		468	
英语	317	200		117	
数学	533	180		353	
物理和化学基础	499	200	80	219	
光学	130	40	40	50	
电磁与电磁波	172	86		86	
热力学与分子物理	70	35		35	

14 《物理系专业教育方案》（1972）[Z]，北京大学档案馆馆藏，档号：30372028。

课程名称	学 时				
	总学时	讲 课	实 验	自 学	实践及其他
无线电	335	100	135	100	
制备	50	25		25	
铁磁学	280	120		160	
铁磁学实验机微波实验	200		200		
下基地及学工	514				514
14 科研训练	470				470
15 机动	70				70
学时合计	5161	2039	455	1613	1054

其他要求：生产劳动 26 周，主要是参加校内外工农业生产劳动；学年论文 6 周，毕业论文 23.5 周。

1977 年北京大学物理学系物理学专业（四年制）必修课程设置[15]

课程名称	考核方式	学时数	课程名称	考核方式	学时数
政治	考试	216	线性代数	考查	36
体育	考查	144	原子物理	考查	72
外语	考查	288	电动力学	考试	72
一元微积分	考试	72	电子学基础	考查	72
力学	考试	72	热力学与统计物理	考试	72
多元微积分	考试	72	量子力学	考试	72
电磁学	考试	90	普通物理实验	考查	252
级数与常微分方程	考试	54	电子学实验	考查	72
分子物理与热学	考查	54	高等物理实验	考查	144
光学	考试	72	专门课	考试	72
数学物理方法	考试	90	专门实验	考查	72
理论力学	考试	54	**必修课学时合计**		2286

注：（1）科研训练未列入本表；
　　（2）考查学时包括在表内规定学时之中，考试在外。

---

15 《物理系四年之物理学专业教学计划》（1977）[Z]，北京大学档案馆馆藏，档号：0041977002。

1977 年北京大学物理学系物理学专业（四年制）专门课程设置[16]

专门方向	课程名称
理论物理	高等量子力学、量子场论、群论、量子统计、粒子物理、广义相对论、原子核物理等
原子核物理	原子核物理、核电子学、核实验技术、高能物理、加速器、中子物理等
固体物理	固体物理、半导体物理、半导体器件、金属物理、铁磁学、晶体学、X 射线结构分析、电磁测量、以及有关专门实验等
光学	近代光学、高等光学、光谱学、激光物理、光学专门实验等
无线电物理	无线电理论基础、微波电路、微波级数、脉冲级数、电子计算机原理、自动控制原理以及有关实验等
电子物理	阴极电子学、光电子学、真空物理与级数、微波电子学、气体电子学、电子、离子器件，以及有关实验等
低温物理	超导物理、低温工程级数、低温物理实验等

注：（1）另有化学及实验、机械制图、算法语言、脉冲数字电路、实验选题、实验数据处理等不属于某一专门方向的其他课程。

（2）表中列出的专门方向和课程名称只是举例，仅供参考。每个专门方向所列课程不是都要开设，专门课程中必修课规定为 2 门。哪些列为专门方向的必修课，可根据具体情况确定，但必须有一门实验课。

1982 年北京大学物理学系物理学专业（四年制）课程设置[17]

课程类别	总学分	课程名称	学分	备注
公共必修	32	中共党史	4	
		政治经济学	4	
		哲学	4	
		体育	4	
		外语	16	
专业必修	83	高等数学	19	
		力学	5	
		热学	3	
		电磁学	5	

16　《物理系四年之物理学专业教学计划》（1977）[Z]，北京大学档案馆馆藏，档号：0041977002。

17　《北京大学教学计划》（1982）[Z]，北京大学档案馆馆藏，档号：3031982016。

课程类别	总学分	课程名称	学分	备 注
		光学	4	
		原子物理学	4	
		普通物理实验	6	
		复变函数	2	
		数学物理方程	3	
		理论力学	4	
		热力学与统计物理	4	
		电动力学	4	
		量子力学	4	
		电子学基础	4	
		电子学实验	2	
		近代物理实验	6	
		固体物理	4	
限制性选修课	12	人文科学	至少2	
		（甲）毕业论文	10	甲乙任选一种
		（乙）科研训练	5	
		指定选修组课	10	系里在原有理论物理、半导体物理、激光物理、磁学等多个专门化项目中选出一组课程组合成拼盘，学生选修规定好的一组拼盘课程。
非限制性选修	18	（举例）低温固体物理	2	可在教师指导下，选修本系开设的课程，其中包括本科生学习的课程以及一些为研究生开设的课程。
		（举例）低温物理实验	3	
		（举例）半导体物理	4	
		（举例）半导体物理实验	3	
		（举例）高等量子力学	4	
		（举例）激光原理	4	
		（举例）铁磁学原理	3	
		（举例）金属物理	3	
总学分	不少于145			

其他要求：时事政策学习，每周3学时，不计学分；生产劳动，平均每学期一周，四年共8周；军事训练，暂定两周。

1986 年北京大学物理学系物理学专业（四年制）课程设置[18]

课程类别	总学分	课程名称	学分	备　注
公共必修	31	科学社会主义的生产和发展	2	/
		哲学	2	/
		中国社会主义建设问题	2	/
		《帝国主义论》与当代西方资本主义经济	2	/
		体育	4	/
		英语	16	/
		军事训练	3	/
专业必修	81	高等数学	16	/
		数学物理方程	3	/
		力学	4	/
		热力学与统计物理	4	/
		热学	3	/
		理论力学	4	/
		电磁学	4	/
		电动力学	4	/
		光学	4	/
		量子力学	4	/
		原子物理	3	/
		算法语言及实习	3	/
		普通物理实验	6	/
		固体物理学	3	/
		复变函数	2	/
		原子核物理学	3	/
		电子学基础	3	/
		电子学实验	2	/
		近代物理实验	6	/
限制性选修	28	（甲）马列主义理论课	2	在甲乙两组中任选 4 学分
		（甲）中国革命史	2	
		（甲）中国共产党史	2	

18　《1986 年本科生教学计划》（1986）[Z]，北京大学档案馆馆藏，档号：3031986025。

课程类别	总学分	课程名称	学分	备　注
		（甲）毛泽东思想概论	2	
		（甲）中国革命的基本问题	2	
		（乙）哲学、人文科学和社会科学课	2	
		（乙）自然辩证法	2	
		（乙）美学	2	
		（乙）自然科学中的哲学问题	2	
		（乙）当代国际政治和国际关系	2	
		（乙）伦理学	2	
		（乙）当代西方哲学、政治、经济、文艺等思潮评论	2	
		（甲）毕业论文	12	在甲乙两组中任选其一
		（乙）科研训练	8	
		选修组课	不低于12学分	下设理论物理、半导体物理、激光物理、磁学等多个选修组，学生可从不同选修组中选修感兴趣的课程，每个选修组选修学分有最低要求。如必须从理论物理选修组选修2学分。
非限制性选修	5	在教师指导下选学本系或外系开设的有关课程	5	/
总学分	不少于150			

其他要求：时事政治学习每周半天，不计学分；生产劳动每学期一周（有军事训练或有实习的学期不安排）。

1990 年北京大学物理学系物理学专业（五年制）课程设置[19]

课程类别	总学分	课程名称	学分
公共必修	42	中国革命史（军训时授课）	4
		哲学	6

19 《各系本科教学计划》（1990）[Z]，北京大学档案馆馆藏，档号：3031990035。

课程类别	总学分	课程名称			学分
		中国社会主义经济建设专题			2
		资本主义经济概论			2
		英语			20
		体育			4
		法学概论（军训时授课）			2
		中国革命史专题			2
专业必修	83	高等数学			15
		线性代数			4
		力学			4
		热学			3
		电磁学			5
		光学			4
		原子物理			4
		普通物理实验			6
		复变函数			3
		数学物理方程			3
		计算机概论与程序设计			4
		固体物理			4
		量子力学			4
		电子学基础与实验			5
		微型计算机原理与应用			5
		近代物理实验			6
		结构与物性			2
		物理学前沿专题讲座			2
限制性选修	21-30学分（第一类和第三类均需从A、B两组中任选一组，第二类课程中任选7-8学分）	第一类	A组	经典物理	8
			B组	理论力学	4
				电动力学	4
				热力学与统计力学	4
		第二类	理论物理专门组	群论	3
				高等量子力学	3
				量子统计	3

课程类别	总学分	课程名称		学分
		半导体物理专门组	半导体物理	4
			半导体物理实验	3
		激光物理专门组	激光原理	4
			激光实验	3
		磁学专门组	固体的磁性	3
			磁性理论	3
			磁测量实验	3
		低温物理专门组	低温物理	4
			超导物理	4
		固体材料专门组	固体结构（包括实验）	4
			衍射物理（包括实验）	4
		第三类 A 组	科研训练	6
		B 组	毕业论文	10
非限制性选修	9-18（在教师指导下从列表课程和其他学系开设的课中选修）	机械制图		3
		C 语言		3
		程序设计方法		4
		计算物理方法		3
		计算模拟方法		3
		符号运算		3
		概率统计		2
		原子核物理		3
		光谱学		3
		现代光学		3
		普通物理综合选题		3
		近代物理实验选修		2
		异质结物理		3
		应用微波基础		4
		音乐物理基础		3
文理互选（必修）	4	从文科、艺术类课程中选修		4
总学分	不少于 159			

其他要求：生产劳动每学期一周，不计入总学分

1996 年北京大学物理学系物理学专业（四年制）课程设置[20]

课程类别	总学分		课程名称		学分
公共必修	36		中国革命史		2
			哲学		2
			中国社会主义建设		2
			资本主义经济概论		2
			当代人生理论与实践		2
			大学英语		14
			计算机		6
			体育		4
			军事理论		2
专业必修	83		高等数学		15
			线性代数		3
			力学		4
			热学		3
			电磁学		4
			光学		4
			量子物理		4
			普通物理实验		4
			电子线路基础		4
			电子线路实验		2
			固体物理		3
			近代物理实验		4
			结构与物性		2
			物理学前沿专题讲座		2
			毕业论文		8
限制性选修	25-33	3	计算机		3
		第一组：理论物理部分（必须从这一组的同名课中选择 A／B，也可以有些课选 A，有些课选 B）	A 组	数学物理方法	6
				理论力学	4
				热力学与统计物理	4
				电动力学	4
				量子力学	4

20　《北京大学教学计划》（1996）[Z]，北京大学档案馆馆藏，档号：61219970662。

课程类别	总学分		课程名称	学分
		B组	数学物理方法	4
			理论力学	3
			热力学与统计物理	3
			电动力学	3
			量子力学	3
	第二组：专门化课程（从所有课程中任选6-8学分）		群论	4
			高等量子力学	4
			量子统计	4
			半导体物理	4
			半导体物理实验	2
			固体结构	4
			固体磁性	3
			磁化理论	3
			磁性理论	3
			磁测量实验	2
			低温物理	2
			超导物理	4
			衍射物理	4
			激光物理	4
			固体材料	4
			激光物理实验	2
			材料物理	3
	11（可以在左侧表格列出的课程或其他系科开设课程中选修，但必须包括文科课程4学分，艺术类课程2学分）		原子核物理学	3
			计算物理方法	3
			计算机模拟方法	3
			应用微波基础	3
			光谱学	3
			现代光学	3
			半导体介质结物理	2
			机械制图	3
			专业英语	2
总学分	不少于152			

其他要求：生产劳动一周，不计入总学分

附录 E 北京大学中文系本科人才培养目标、规格及课程设置的变迁 (1952～1998)

1952 年院系调整之后，北大虽重点发展理科，但也提出要适当兼顾中文和历史两个基础文科。研究梳理了中文系本科培养目标、规格、课程设置的变化，以直观地展现北大文科人才培养模式的变迁。

一、中文系本科人才培养目标与规格的变迁 (1952-1998) [1]

年份	培养目标及规格
1954	（中文系）培养语言文学研究工作者、高等学校教师和新闻工作者[2]。
1963	（中国文学专业）培养中国文学的教学、研究人材及其他文字工作者。 **具体要求：**具有爱国主义和国际主义精神，具有共产主义道德品质，拥护共产党的领导，拥护社会主义，愿为社会主义事业服务、为人民服务；通过马克思列宁主义、毛泽东著作的学习，和一定的社会劳动、实际工作的锻炼，逐步树立工人阶级的阶级观点、群众观点、劳动观点、辩证唯物主义观点。 理解马克思主义关于文学的理论和中国共产党有关文学的方针政策。 掌握本专业所必需的基础理论、基本知识和技能，初步掌握本专业某一方面的专业知识，并获得从事科学研究的初步训练。 具有阅读一般中国古籍的能力，具有运用一种外语阅读专业书刊的能力。 有较高的协作能力和一定的辞章修养。 有健全的体魄。

---

1 注：分专业设置培养目标和规格的时期，以中国文学专业为例。

2 北大中文 55 级,《没有哪一届比他们更完美地经历"断裂"》[EB/OL], http://mini.eastday.com/mobile/190326114332333.html, 2019-03-26。

年份	培养目标及规格
1970	（中文系）培养的学生应该是德、智、体都得到发展的有文化的劳动者。他们要无限忠于毛主席，忠于毛泽东思想，忠于无产阶级革命路线。要在斗争中树立无产阶级世界观，永远为工农兵服务，为无产阶级专政服务，大造革命舆论[3]。
1977	（文学专业）培养德、智、体全面发展的文学研究、教学和其它有关专门人材。 **具体要求：**坚持社会主义道路，坚持无产阶级专政，坚持中国共产党的领导，坚持马列主义、毛泽东思想；具有爱国主义、国际主义精神和共产主义道德品质；树立无产阶级的阶级观点、群众观点、劳动观点和辩证唯物主义观点；遵守革命纪律，坚持实事求是的优良作风，全心全意为人民服务，为在我国实现四个现代化而努力奋斗。 正确理解马克思主义关于语言、文学的基本理论和党的语言、文字的方针政策；具有本专业所必需的基础知识和某些方面的专门知识，了解本专业的新成就、新发展；能阅读本专业一般外文书刊的程度；具有科学研究的能力。有健全的体魄[4]。
1982	（中国文学专业）培养德、智、体全面发展的从事文学教学、科学研究和其他有关工作的专门人材。 **具体要求：**坚持社会主义道路，坚持人民民主专政，坚持中国共产党的领导，坚持马列主义、毛泽东思想；具有爱国主义、国际主义精神和共产主义道德品质；树立无产阶级的阶级观点、群众观点、劳动观点和辩证唯物主义观点；遵纪守法，坚持实事求是的优良作风，全心全意为人民服务，为在我国实现社会主义现代化而努力奋斗。 正确理解马克思关于语言、文学的基本理论和党的语言、文学的方针政策；具有本专业所必需的基础知识和某些方面的专门知识；初步了解本专业的新成就、新发展；能阅读一般的中国古籍；有较高的写作能力；掌握一种外国语，达到借助字典能阅读本专业一般外文书刊的程度；具有初步的科学研究的能力。具有健全的体魄[5]。
1986	（中国文学专业）培养德、智、体全面发展的从事文学教学、科学研究和其他有关世纪工作的人材。 **具体要求：**坚持社会主义道路，坚持人民民主专政，坚持中国共产党的领导，坚持马列主义、毛泽东思想；具有爱国主义、国际主义精神和社会主义道德品质；努力做到公正廉洁，遵纪守法，实事求是，勤奋严谨；勇于探索，立志改革，艰苦工作，全心全意为人民服务。 具有本专业所必需的基础知识和某些方面的专门知识，初步了解本专业的新

3 王学珍、王效挺，《北京大学纪事》[M]，北京：北京大学出版社，1998 年，第 812 页。

4 杜勤、睢行严，《北京大学学制沿革》[M]，北京：北京大学出版社，2000 年，第 132 页。

5 《北京大学教学计划》（1982）[Z]，北京大学档案馆馆藏，档号：3031982016。

年份	培养目标及规格
	成就、新发展；能阅读一般的中国古籍；有较高的协作能力和一定的实际工作能力；掌握一种外国语，达到借助字典能阅读本专业一般外文书刊的程度；具有初步的科学研究能力。有健全的体魄[6]。
1990	（中国文学专业）培养能从事文学评论与创作、新闻、出版和其他文化宣传工作，以及中国语言文字教学与研究工作的德才兼备的应用型专门人才。学生应掌握马克思主义基本原理和关于语言、文学的基本理论；了解我国关于文学艺术的方针与政策，掌握专业所必需的基本理论、基本知识，以及与专业有关的专门知识和相关学科的知识；了解本学科的新成就、新发展；具有较高的文化修养和鉴赏能力、较强的写作能力和一定的科研能力；具备比较扎实的古汉语基础，能阅读一般的历史文学典籍。在掌握外语方面，能阅读本专业的书刊，并且有一定的听、说、读、写的能力[7]。
1996	（中文系）本科学生应比较系统地掌握中国语言文学方面的基本知识、基本理论、既有较坚实的文史基础、较高的汉语阅读写作能力和一定的外语水平，又有适应现代社会发展所需要的较宽广的文化视野和不断获取新知识的能力，应具备较高的整体文化素养，成为德、智、体全面发展的跨世纪人才[8]。

二、中文系本科课程设置的变迁（1952-1998）[9]

1955 年北京大学中文系汉语言文学专业（五年制）课程设置[10]

课程名称	学时	学期安排	考核方式（考试／考查）
马克思列宁主义基础	140	第一、二学期	第一学期考试，第二学期考查
逻辑	72	第一学期	考试
俄文（一）	140	第一、二学期	第一学期考查，第二学期考试
语言学引论	72	第一学期	考试
古代汉语	105	第一、二学期	第一学期考查，第二学期考试
文艺学引论	68	第二学期	考试
中国人民口头创作	54	第一学期	考试

6　《北京大学教学计划》（1986）[Z]，北京大学档案馆馆藏，档号：3031986025。
7　《各系本科教学计划》（1990）[Z]，北京大学档案馆馆藏，档号：3031990035。
8　《教学计划修订相关材料》（1996）[Z]，北京大学档案馆馆藏，档号：3031996046。
9　注：因档案资料所限，这里列举的中文系课程设置情况在具体年份上无法与上文物理系完全对应上，但二者基本处于同一历史时期。
10　《1955-1956 学年教学计划执行计划》（1955）[Z]，北京大学档案馆馆藏，档号：30355001。

课程名称	学时	学期安排	考核方式（考试／考查）
中国文学史（一）	102	第二学期	考查
体育	70	第一、二学期	考查
中国革命史	140	第三、四学期	第三学期考查，第四学期考试
中国史	72	第三、四学期	第三学期考查，第四学期考试
俄文（二）	140	第三、四学期	第三学期考试，第四学期考查
汉语方言学（一）	87	第三、四学期	第三学期考查，第四学期考试
中国文学史（二）	122	第三、四学期	第三学期考查，第四学期考试
西洋文学	70	第三、四学期	第三学期考试，第四学期考查
体育	70	第三、四学期	考查
俄罗斯文学史（一）	70	第三、四学期	第三学期考试，第四学期考查
现代汉语（一）	70	第三、四学期	第三学期考试，第四学期考查
政治经济学	140	第五、六学期	第五学期考查，第六学期考试
俄文（三）	105	第五、六学期	第五学期考查，第六学期考试
汉语方言学（二）	87	第五、六学期	第五学期考查，第六学期考试
汉语史（一）	68	第六学期	考查
文字学	34	第六学期	考查
汉语语言概要	54	第五学期	考查
中国文学史（三）	210	第五、六学期	第五学期考试，第六学期考查
西洋文学	70	第五、六学期	第五学期考试，第六学期考查
俄罗斯文学	70	第五、六学期	第五学期考试，第六学期考查
现代汉语（二）	36	第五学期	考试
辩证唯物论与历史唯物论	105	第七、八学期	考试
教育学	72	第七学期	考试
汉语方言学（三）	87	第七、八学期	第七学期考查，第八学期考试
汉语史（二）	68	第八学期	考查
中国文学史（四）	210	第七、八学期	第七学期考查，第八学期考试
俄罗斯文学史（二）	70	第七、八学期	第七学期考查，第八学期考试
普通语言学（选修）	70	第七、八学期	考查
文字理论（选修）	70	第七、八学期	考查
专题讲授：红楼梦	36	第七学期	考查
总学时	3326		

1963 年北京大学中文系中国文学专业（五年制）课程设置[11]

课程名称		学时数
思想政治教育报告		162
中共党史		99
政治经济学		132
哲学		132
第一外语		363
体育		132
中国通史		99
写作		186
古代汉语		64
文学概论		99
马克思主义文艺理论经典著作选		48
美学概论		34
中国历代文论选		56
中国文学批评史		95
中国文学史（包括作品阅读）		334
中国现代文学史		101
中国民间文学		34
中国诗歌选		93
中国散文选		99
欧洲文学史		99
俄苏文学史		74
专门课及选修课	诗经或楚辞	33
	古典散文或唐诗	33
	李白或杜甫	34
	中国古典小说	32
	中国古典戏曲	39
	鲁迅	39
	中国现代作家作品	34
	文艺理论问题	26
	选修课	131
总学时合计		3068

---

11 《北京大学各系各专业教学计划》（1963）[Z]，北京大学档案馆馆藏，档号：
   30364021。

1970 年北京大学中文系文学专业（两年制）课程设置[12]

课程类别	说　明
政治课	学习毛主席的哲学思想；党内两条路线斗争史；国际共产主义运动史等。
毛主席文艺思想课	以毛主席《在延安文艺座谈会上的讲话》和关于文艺问题的一系列重要指示，以及《部队文艺座谈会纪要》为基本教材，学习毛主席的文艺思想，批判修正主义文艺黑线，批判形形色色的资产阶级、修正主义文艺思想。同时与写作课配合，写出革命大批判文章。
写作课	在毛主席文艺思想指导下，参加三大革命实践，进行社会调查，紧跟毛主席和党中央的战斗号令，密切配合阶级斗争形式，从事写作活动。
专题课	毛主席诗词
	革命样板文艺
	文学专题讲座（如鲁迅及批判继承问题）
	历史专题讲座（以近代史为主）
	古代汉语专题讲座（以自学为主）

1977 年北京大学中文系文学专业（四年制）必修课程设置[13]

课程名称	学时数	课程名称	学时数
中共党史	99	文学概论	60
哲学	90	马、恩文艺论著选读	64
政治经济学	90	文学作品选读	68
体育	126	中国古代文学史	300
中国通史	132	中国现代文学史	99
外语	378	中国当代文学	90
现代汉语	132	民间文学	56
古代汉语	184	外国文学（东方、俄苏、西方）	188
必修课学时合计			2156

其他要求：时事政治学习每周半天

---

12 《中文系、历史系、哲学系、国际政治系教学计划》（1970）[Z]，北京大学档案馆馆藏，档号：30370015。

13 杜勤、睢行严，《北京大学学制沿革》[M]，北京：北京大学出版社，2000 年，第132-135 页。

1977 年北京大学中文系文学专业（四年制）选修组课程设置[14]

选修组	课程名称
文艺理论	马列主义文艺理论专题、毛泽东文艺思想、鲁迅文艺思想、中国文艺理论批评史、中国古代文论专题等。
中国现代文学	毛泽东诗词研究、中国无产阶级革命家诗词研究、中国现代文艺思潮和流派问题、鲁迅研究、郭沫若研究、现代作家、作品研究等。
中国当代文学	当代作家作品研究、文学创作论、鲁迅与民族文学等。
中国古代文学	可以开设专史或断代史的研究，也可以开设文学流派或作家作品的研究，如：中国小说史、中国戏剧史、近代文学、唐代诗歌流派、古代作家作品研究等。
外国文学	/
语言学	/

注：（1）另设有关哲学、历史、经济等方面的课程供学生选修；
　　（2）为了活跃学术空气，扩大学生的知识领域，开设讲座，每个学期举办若干次；
　　（3）四年内参加工农业生产劳动、校内劳动、公益劳动 6-8 周，军事训练 2 周，结合专业进行的社会调查和业务实践 4 周。

1982 年北京大学中文系中国文学专业（四年制）课程设置[15]

课程类别	总学分	课程名称	学分
公共必修	38	中共党史	6
		哲学	6
		政治经济学	6
		外语	16
		体育	4
专业必修	82	中国通史	8
		现代汉语	6
		古代汉语	8
		中国古代文学史	16
		中国现代文学史	6
		中国当代文学	4

14 杜勤、睢行严，《北京大学学制沿革》[M]，北京：北京大学出版社，2000 年，第 132-135 页。
15 《北京大学教学计划》（1982）[Z]，北京大学档案馆馆藏，档号：3031982016。

课程类别	总学分	课程名称		学分
		马恩列斯文学论著选读		3
		文学概论		4
		中国古代文艺理论批评史		6
		民族文学		3
		外国文学		8
		毕业论文		10
限制性选修课	28	文艺理论方面 （应修满6学分）	马克思、恩格斯美学思想	2
			列宁文艺思想	2
			毛泽东文艺思想	2
			鲁迅文艺思想	2
			闻一多及其诗歌理论	2
			中国古代文论专题	2
		文艺理论方面 （应修满6学分）	文心雕龙	2
			王国维文艺思想	2
			西方文论选	2
		文学创作和民间文学方面 （应修满4学分）	小说创作论	3
			诗歌创作论	2
			戏剧创作论	2
			散文创作论	2
			民间诗歌	2
			神话研究	2
		现代和当代文学方面 （应修满6学分）	中国现代小说流派	2
			中国新诗流派	2
			中国现代诗派研究	2
			中国现代话剧史	2
			现代中外文学影响论	2
			作家研究方法论	2
			茅盾小学创作	2
			丁玲研究	2
			曹禺研究	2
			柳青研究	2
			《野草》研究	2

课程类别	总学分		课程名称	学分
			近代小说	2
			台湾近三十年小说	2
		古典文学方面 （应修满 6 学分）	楚辞	2
			陶渊明	2
			杜甫	2
			唐宋散文	2
			宋词	2
			词曲欣赏	2
			诗歌艺术	2
			文言小说	2
			明清长篇小说	2
		古典文学方面 （应修满 6 学分）	红楼梦	2
			聊斋志异	2
			龚自珍、魏源	2
		比较文学方面 （应修满 2 学分）	中日古代文学的比较研究	2
			文艺理论的中西比较	2
			中国西欧戏剧比较	2
		古汉语专书选读	指定几部专书	4
非限制性选修	10		学生可在教师指导下，选学本系或外系开设的有关课程	
总学分	158			

其他要求：时事政治学习，每周三小时，不计学分
　　　　　业务实习和社会调查，第三学年或第四学年安排一个月
　　　　　生产劳动平均每学期一周，四年共八周
　　　　　军事训练暂定两周

1986 年北京大学中文系中国文学专业（四年制）课程设置[16]

课程类别	总学分	课程名称	学　分
公共必修	32	科学社会主义的生产和发展	2
		哲学	3
		中国社会主义建设问题	2
		《帝国主义论》与当代西方资本主义经济	2

16　《1986 年本科生教学计划》（1986）[Z]，北京大学档案馆馆藏，档号：3031986025。

课程类别	总学分	课程名称	学　分
		体育	4
		英语	16
		军事训练	3
专业必修	80	中国通史	8
		中国现代文学史	6
		语法修辞	4
		中国当代文学	4
		古代汉语	8
		民间文学	3
		中国古代文学史和文艺理论	16
		马恩列斯文艺论著选读	3
		论批评史	6
		文学概论	4
		外国文学	8
		毕业论文	10
限制性选修课	学校要求的限制性选修：不低于9学分。其中甲组不低于3学分，乙组不低于6学分。	（甲）中国革命史	3
		（甲）中国共产党史	3
		（甲）毛泽东思想概论	3
		（甲）中国革命的基本问题	3
		（乙）自然辩证法	2
		（乙）美学	2
		（乙）自然科学中的哲学问题	2
		（乙）伦理学	2
	专业要求的限制性选修：不低于25学分。	文艺理论组课	不低于6
		文艺创作和民间文学组课	不低于4
		现代和当代文学组课	不低于6
		古典文学组课	不低于6
		美学和比较文学组课	不低于4
非限制性选修	8	在教师指导下选学本系或外系开设的有关课程	8
总学分	不少于152		

其他要求：时事政治学习每周半天，不计学分；生产劳动每学期一周。

1990 年北京大学中文系中国文学专业（五年制）课程设置[17]

课程类别	总学分	课程名称	学　分
公共必修	48	中国革命史（军训时授课）	4
		哲学	6
		中国社会主义经济建设专题	3
		世界政治与国际关系	3
		英语	20
		体育	4
		法学概论（军训时授课）	2
		中国革命史专题	2
专业必修	82	现代汉语	7
		古代汉语	10
		语言学基础	4
		文学作品赏析	4
		现代文学史	6
		当代文学	4
		中国古代文学史	16
		文学概论	4
		工具书使用	3
		逻辑学	3
		民间文学	3
		中国文学理论批评史	4
		马恩列斯文艺论著选读	3
		欧洲文学俄苏文学	8
		计算机	3
限制性选修	14 （从右侧科目 中任选）	古代诗歌研究	2
		古代小说研究	2
		新当代文学思潮	2
		西方古代文艺思潮	2
		中国古代文艺思潮	2
		比较文学原理	2

17　《各系本科教学计划》（1990）[Z]，北京大学档案馆馆藏，档号：3031990035。

课程类别	总学分	课程名称	学 分
		现当代小说流派	2
		现当代诗歌流派	2
		专书选读	2
		专题讲座	2
其他必修	10	专业实习	2
		毕业论文	8
非限制性选修	16	在教师指导下选学本系或外系开设的有关课程	
总学分	不少于 170		

其他要求：生产劳动每学期一周，不计入总学分

1996 年北京大学中文系中国文学专业（四年制）课程设置[18]

课程类别	总学分	课程名称	学分
公共必修	40	英语	14
		计算机	6
		体育	4
		中国革命史	3
		哲学	4
		资本主义概论	2
		中国社会主义建设	2
		世界政治经济和国际关系	2
		当代人生理论与实践	2
		军事理论	3
全系必修	43	现代汉语	4
		古代汉语	8
		中国古代文学史	12
		二十世纪中国文学	7
		逻辑导论	2
		中国通史	4
		学年论文	2
		毕业论文	4

18 《北京大学教学计划》（1996）[Z]，北京大学档案馆馆藏，档号：61219970662。

课程类别	总学分	课程名称		学分
专业必修课	21	作品赏析与写作		2
		文学原理		3
		民间文学		2
		中国文学理论批评史		4
		比较文学概论		2
		外国文学		8
限制性选修	不少于 36 学分。其中专书选读类课程不少于 4 学分。	中国古代文学类	先秦散文专题	2
			先秦诗歌专题	2
			先秦两汉史传文学	2
			魏晋南北朝诗歌专题	2
			唐诗专题	2
			唐宋词专题	2
			唐宋散文专题	2
			宋诗专题	2
			元明清戏曲专题	2
			明清白话小说专题	2
			文言小说专题	2
			近代文学专题	2
		中国现代文学类	二十世纪中国小说史	2
			中国现代小说流派	2
			中国现代小说家论	2
			中国新诗思潮流派史	2
			中国现代诗歌批评史	2
			中国现代诗人论	2
			中国现代文学批评史	2
			中国现代话剧史论	2
			中国现代作家研究	2
			中国现代文学作家著作选读	2
			四十年代文学史	2
		中国当代文学类	中国当代小说	2
			中国当代诗歌	2

课程类别	总学分		课程名称	学分
			当代文学批评	2
			当代作家论	2
			当代文学现状评述	2
			台港及海外华文文学	2
		文艺理论类	文艺美学	2
			中国古代文论选	2
			西方文论选	2
			《文心雕龙》	2
		比较文学类	中国新时期电影研究	2
			现当代女性文化与女性写作	2
			中法文学关系	2
			东亚文化与文学	2
			海外中国文学研究概述	2
理科类课程	4	/		4
艺术类课程	2	/		2
任选课	总学分的10%左右	选读外系、外专业开设的课程		
总学分	不少于150			

附录 F 访谈对象名录

受访者[1]	受访者背景	访谈形式
A-1	20 世纪 50 年代毕业于北京大学物理系，曾任北京大学教务长、常务副校长，主持教学工作。	面对面访谈
A-2	20 世纪 50 年代毕业于北京大学数学力学系，曾任北京大学教务处处长。	面对面访谈
A-3	20 世纪 60 年代毕业于北京大学地质地理系，曾任北京大学教务处副处长，实际负责文化素质教育课程的组织工作，并长期担任元培学院导师。	面对面访谈
A-4	20 世纪 80 年代毕业于北京大学地球物理系，北京大学教务部部长。	面对面访谈
A-5	20 世纪 90 年代毕业于北京大学地球物理系，曾任北京大学素质教育委员会主任、北京大学教务部副部长、元培学院副院长。	面对面访谈
A-6	20 世纪 80 年代毕业于北京大学历史系，北京大学教务部副部长。	面对面访谈
B-1	20 世纪 50 年代毕业于北京大学物理系，中科院院士，曾任北京大学物理系主任，长期教授基础课。	面对面访谈
B-2	20 世纪 70 年代毕业于北京大学物理系，长期教授基础课。	面对面访谈

---

1 代码示意：A-管理者；B-授课教师。

后 记

　　这本书是在我博士学位论文的基础上略加修订而成的。当我再次审视花费许多心血完成的研究，不禁感慨万千。

　　事实上，我曾经无数次后悔自己跨专业读博的选择，在教育学这个全新的领域里，我像一个晕头转向找不到北的孩童，吃力极了。但在我终于完成了论文写作，静下心来回顾这段学习经历时，我真切地意识到，一切的磨砺都是值得的。因为，全新的专业学习和学术研究帮助我变成了更好的自己。我想，这是我博士学习和研究最大的收获。

　　我的种种收获与成长都离不开师友、同事、亲人们的支持、鼓励和帮助。首先，我要真诚地感谢我的导师刘云杉教授。刘老师从未因为我是一个在职的、没有教育学背景的学生而轻视我、忽视我。相反，她一直督促我参加读书会，提醒我早日确定研究问题，并根据我的能力和旨趣帮助我设计论文方向。在我消极退缩的时候，刘老师毫不客气地点醒我，推动我不断前进；在我深陷海量资料无法理出线索的时候，刘老师一针见血地指出关键问题，把我拉回正确的轨道。可以说，没有导师的"不抛弃、不放弃"，我就不可能有继续研究的信心和勇气；没有导师关键时刻的"指点迷津"，我就无法真正完成这篇研究。

　　其次，我要特别感谢沈文钦、蔡磊砢两位老师。两位老师时常关心我的研究进展，不时分享给我各种资料，帮助我梳理研究思路。更让我感动的是，两位老师总是为我加油打气，这给了我继续前行的动力。我还要感谢文东茅、李春萍、林小英、邢颖，以及教育学院的其他老师们。谢谢老师们在学业和课题研究的各个环节给予我帮助。

感谢所有的访谈对象。当八十多岁的老校长凌晨秒回我邮件的时候，当科研工作仍十分繁忙的院士老先生接受我整整一下午访谈的时候，当不怎么会用手机的老教师因为记错了一个细节拜托亲人给我打电话更正的时候，我感到了极大的震撼。老一辈人身上的严肃、认真与热情让我更加深刻地体会到做人做事的道理。这对我的一生都将具有深远的影响。

感谢云杉师门的好伙伴们。虽然因为工作的关系我并未经常与大家在一起，但这丝毫不影响大家对我的关爱。师兄陈益岢、师姐蔺亚琼经常给我鼓励、帮助我修改研究设计；一起准备答辩的师妹丁洁琼、师弟林彦廷陪我分析研究中的问题，给我推荐阅读书目；还有郭学军、娄雨、毛君、吕莘、王利利、谢心怡等同学也给了我很多的帮助和鼓励，一并感谢。

感谢我的工作单位北京大学档案馆和与我朝夕相处的同事们，正是在与档案的亲密接触中，我建立了最初的问题意识，并在诸位同事的协助下，掌握了扎实的一手资料，这是我研究的重要支撑。

最后，我要衷心感谢我亲爱的家人。无论做什么，我的父母都无条件地支持我，默默为我分担家务；我的先生自身科研工作繁忙，却也为了让我安心写作而放慢了脚步，把更多的时间留给家庭。

我的女儿几乎见证了我博士学习、研究写作的全过程，希望妈妈的努力与坚持给她树立了好榜样。愿她健康成长，勤奋、质朴、坚毅。

此刻，我的脑海中浮现出爷爷家老屋中那面"教育世家"的匾额。我虽然没有如我的祖辈一样成为教师，但这个研究的初步完成也算是在某种意义上延续了家族的教育传统吧。致敬我所有教育界的长辈们！

2022 年 4 月

于未名湖畔